買い物弱者とネット通販
在外子育て家庭調査からの示唆

久保康彦・渡辺幸倫・鈴木涼太郎　編著

くんぷる

はしがき

　情報通信技術の発展、とりわけ「インターネット」の普及は人々の生活を大きく変えた。その変化は「買い物」のあり方にも及び、最新情報の取得、おびただしい選択肢の提示、比較検討、決済方法の多様化などがきわめて容易になっている。このようなインターネットの普及は、国内の買い物弱者問題「解決」を念頭にした、多くの研究や取り組みへともつながっている。なかには具体的な成果があがっているものもあり、インターネットの普及が買い物を含めた生活を向上している側面があることは疑いの余地がない。しかし、その一方で、これらの課題が検討される際の「買い物弱者」像設定にあたって、主に自力での移動とインターネット使用に困難を抱える高齢者を想定し、しかも居住地域を国内に限定する事は多くなかっただろうか。本研究の背景には、我が国での研究枠組みが想定する、買い物弱者像が固定化していたという反省がある。このように極めて制限された問題設定に立脚した政策立案では、その視野も極めて制限されてしまうことが危惧される。

　本書で取り上げたタイやベトナムを含めASEAN地域への日本企業の進出は著しい。以前はメーカーが中心であったが、近年は日本の大手流通企業の海外進出により現地邦人家庭も急増している。さらには、現地での起業や国際結婚を経て子育てしている家庭も増加しており、生活を充足するためのニーズも多様化している。一方、ASEAN地域の経済発展に伴い、現地生産商品の品質向上も著しい。しかし、この品質向上は現地邦人ニーズの多様化を十分に満たす水準には至っておらず、邦人社会の中では、日本的商品への欠乏感が存在する。この傾向は特に子育て商品に置いて顕著である。タイやベトナムに住む子育て家庭は、30代から50代の家庭が大半で、日本での消費生活の経験も長く、インターネットを介した買い物への抵抗感も弱い。このように様々な購買方法手段を持ち、一般的に「買い物強者」と考えられがちな家庭が、特定商品（特に日本的子育て商品）については、「買い物弱者」の立場に置かれて

いる。この点で、これらの家庭の買い物行動はある種のパイロットケースとみることができるだろう。

　以上のような考えのもと、本書では従来研究の対象とされてこなかった在外子育て家族の買い物行動を明らかにすることで、日本国内における今後物流環境の悪化が予想される過疎地域などでの買い物環境の質向上のための政策立案に活かせる新たな研究の枠組みの提示ができると考える。現代日本社会での買い物行動の在り方を出発点に、日本での買い物経験を有した在外邦人が困難な買い物環境に陥った際に、どのような商品調達行動を取るのか、これが本書の一貫した問いである。

本書の構成

　本書の構成は、まず第1部で、流通研究において買い物弱者やネット通販がどのように位置づけられてきたか概観し、インターネットと消費社会や最新のネット通販の動向に焦点を当てる。その上で、第2部で、現代日本社会での消費生活をへてASEAN諸国へ移住した人々の買い物環境、買い物・商品調達方法を考察することで、日本の買い物弱者への示唆を模索する。

第1部

　第1部では、これまでの商学分野の研究を概観しながら、本研究の視座を定めていく。現代流通における諸課題をどのような枠組みでとらえるのかという問題を考える。現代流通における取引現象をとらえる枠組みは数多く存在するが、これらではとらえきれない現象が増加している。それがまさに本書で注目する買い物弱者問題とインターネット販売の急成長である。

　そこでまず第1章では、流通システムに貫徹していたメカニズムを調整という概念でとらえ、従来の調整メカニズムと違った編成原理をネットワーク・アプローチとして考察する前段階として、その理論的系譜を概観し、その中でネットワーク・アプローチをどのように位置づけ

るのか考える。

　続いて第2章では、より具体的な企業による商業、マーケティング戦略に着目する。昨今のSNSの普及を背景に、多くの企業がFacebookやTwitterを製品やサービスのプロモーションはもちろん、「顧客サポート」や「製品・サービスの改善（顧客の声の取り入れ）」のために活用している。しかしその一方で消費者自身がSNSから得られる情報を活用して実際に商品に触れられないというネット通販の欠点を補う方法で利用している。具体的には、SNSを利用した最新のコミュニケーション戦略の例としてファッション通販サイト「ZOZOTOWN」とファッション特化型SNS「WEAR」を取り上げる。この戦略と顧客の関係を分析することで、インターネットを活用する商業の特徴を明らかにしたい。

　さらに第3章では、インターネットのもたらした消費生活の変化の功罪を考察し、これからのネット社会の可能性、とりわけ、そこでの消費生活のありかたを明らかにする。ネット社会において、われわれの消費生活はどう変わったのかを考察する。ネット社会において消費者は、好きな時間に商品を注文し、配達してもらうことが可能になり、買い物場所が近隣にない消費者や、高齢者などの買い物が困難な消費者、子育て世代で買い物に自由に出かけることができない消費者といったいわゆる買い物弱者の問題を解消する可能性も論じられている。しかし、このように一見「明るい面」のみが喧伝される中、いわば「暗い面」については多くが語られることなく消費生活の変化が進行している。本章ではこの点を深く掘り下げたい。

第2部

　第1部で概観した日本の最新の買い物事情を念頭に、第2部では、在外邦人家庭、特にタイとベトナムで子育てを行う家庭の買い物行動を検討することで、日本の買い物弱者支援への示唆を析出していく。

　第4章では、検討の対象となる東南アジア特にタイとベトナムの近年の買い物環境の概要について述べる。在住日本出身者の増加や現地社

会の経済発展により、買い物環境は大きく改善する方向にある。しかし、「日本的商品」とりわけ日本的子育て商品入手においては、「買い物弱者」であることを論じる。これによって日本と比べ子育て用品の入手が困難な環境において邦人家庭がいかにして必要な品を入手しているのかを考える出発点としたい。

第5章では、タイ在住の日タイ国際結婚家庭の教育商品の調達について検討する。本章では、在タイ日本人のなかでも現地とのつながりが特に強いと思われる子育て中の日タイ国際結婚家庭を取り上げる。子育ての過程は個人、家庭、社会の間での様々な調整や決定の連続であり、各家庭の世界観が端的に表れる。ここでは、この教育についての調整や決定についての語りを、生活ニーズを商品調達によって充足させるという仕組みに当てはめながら検討する。この検討を通して、各家庭の教育観の様相を描写しながら考察し、在タイ日本人の生活の一端を明らかにしたい。

第6章では、ベトナムで暮らす子育て中の日本人家庭を買い物弱者と位置づけ、その商品調達の在り方を分析する。なかでも、在外生活において市中の小売店での購入などマーケットによる調達を補完する、友人や知人への購入依頼など人的ネットワークによる商品調達に焦点を当て、その論理と役割について考察する。そして最後に、このような作業から得られる買い物弱者問題一般への示唆をまとめる。

そして第7章では、在外子育て商品の特殊性に注目することで明らかになった商品分類基準の問題について考える。敷衍すると子育て商品の特殊性からあぶり出された商品分類基準における前提の問題でもあり、ひいては買い物の目的とは何かに関連する問題である。在外子育て家族の買い物行動や商品調達方法の分析は、現在深刻化する国内の流通問題の解決へ新たな糸口を提供する。子育て家庭の商品調達における「在外」であることの特殊性の要因を明らかにしたい。

買い物弱者問題の解決はそう簡単ではない。そこで在外子育て家族の買い物行動を明らかにすることで、日本国内における過疎地域や被災地

域などでの買い物環境の質向上のための政策立案に活かせる新たな研究の枠組みを見出せないかというのが本書の大きな問題意識である。

　そのために、買い物弱者問題の本質、現状を理解することは言うに及ばず、過去の研究を再考することは必須である。しかし、それだけで新たなアプローチが生まれるとは必ずしも言えない。そこには市場環境や制約条件が似通った場所でのフィールド調査から得られた知見が重要である。まさにその市場環境に近似しているのがASEAN諸国の中でのタイやベトナムであり、特殊性が高い子育て商品を大きな制約条件下で購買しなければならないのが在外子育て家庭なのである。

　買い物弱者問題の解決にはまだまだ時間を必要とすると思われるが、その時に本書で考察された事例から得られた知見が少しでも役立てば大きな喜びである。

謝辞

　本書は、科学研究費(科研番号：15K 13052)の補助を受けた研究である。この補助によって、タイやベトナムでの充実した現地調査が可能となった。しかし「挑戦的萌芽研究」という種目名からもわかるように、本研究の狙いは伝統的学問分類からは少々位置づけの難しく、商業出版とすることは躊躇された部分があった。それにもかかわらず、本書の刊行を快くお引き受けいただいた「くんぷる」浪川七五朗氏には心から感謝したい。この研究によって得られた知見を、本書を通して少しでも社会に還元することができれば存外の喜びである。本書が、今後もますます物流環境の悪化が予想される過疎地域などでの買い物環境の質向上やそのための政策立案、ビジネスチャンスのヒントになれば幸いである。

　　　　　　　　　　　　　　　　　　平成最後の正月を祝いながら
　　　　　　　　　　　　　　　　　　　　　　　　　久保康彦

目次

はしがき……………………………………………………………………………3

第1部　買物とインターネット

第1章　流通における調整形態の源流 ― 買物弱者問題とネット通販をどう位置づけるのか ― ……15

1.1　はじめに……………………………………………………………15
1.2　企業環境と組織関係の研究系譜…………………………………17
1.3　資源ベース・アプローチと資源依存アプローチ………………18
1.4　取引コストアプローチと中間組織………………………………22
1.5　経済社会における調整概念………………………………………24
1.6　マーケティング論における調整概念……………………………26
1.7　取引の長期・継続性と企業間統治………………………………31
1.8　現代流通におけるネットワーク・アプローチ…………………34
1.9　むすびにかえて……………………………………………………38

第2章　SNSを活用する商業と消費者の関係 ―「ZOZOTOWN」および「WEAR」におけるマーケティングの検討 ― ……43

2.1　はじめに……………………………………………………………43
2.2　商業と消費者………………………………………………………45
2.3　SNSを活用する商業………………………………………………49
2.4　おわりに……………………………………………………………58

第3章　消費者情報システムと消費者学習……………………………63

3.1　ネット社会がもたらす「暗い面」………………………………63
3.2　関係性パラダイム…………………………………………………64
3.3　関係性パラダイム批判……………………………………………68
3.4　消費者情報システム………………………………………………71
3.5　消費者学習…………………………………………………………78

第2部　買い物弱者としての在外子育て家庭

第4章　東南アジアにおける邦人子育て家庭の買い物環境……87

4.1　「買い物弱者」としての在東南アジアの邦人子育て家庭……87
4.2　タイにおける子育て商品の買い物環境……90
4.3　ベトナムにおける子育て商品の買い物環境……93
4.4　まとめ……98

第5章　バンコクにおける日タイ国際結婚家庭の教育商品調達について……101

5.1　はじめに……101
5.2　先行研究……101
5.3　日タイ国際結婚と日タイの両親を持つ子どもたち……103
5.4　調査の概要……108
5.5　インタビューの分析……108
5.6　考察：モノとサービスからみた教育商品……115
5.7　まとめ……117

第6章　在ベトナム邦人子育て家庭の商品調達における「弱い紐帯」の役割……119

6.1　はじめに……119
6.2　商品調達をめぐる諸議論と在外子育て家庭……120
6.3　研究の対象と方法……122
6.4　親族や友人への依頼とバザーの重要性……125
6.5　子育て用品調達における「弱い紐帯」の役割……130
6.6　むすびにかえて……136

第7章　商品分類からみる子育て商品の特殊性……141

7.1　問題の所在……141
7.2　商品分類の類型化……142
7.3　田村モデルの探索性向と探索マップ……146

7.4　在外子育て商品の探索価値と探索費用 ································ 148
  7.5　子育て商品の特殊性 ·· 150
  7.6　消費者ニーズの事前確定性と消費過程の多様性 ················ 155
  7.7　むすびにかえて ··· 158

おわりに ··· 161
索引 ·· 167
著者略歴・執筆分担箇所 ··· 173

第1部

買物とインターネット

　第1部では、ネット通販の進展が消費者や消費社会にどのようなインパクトを与えているのか、そしてそれを理解するためにどのような理論的アプローチがあるのか、過去の研究を概観して検討を行う。商取引においてインターネットがもたらした影響は計り知れない。インターネットは情報の非対称性の解消に大きく貢献し、消費者が購買意思決定に活用可能な情報は質・量ともに増大した。その意味で取引における優位性を生産者から奪い取ったとも言える。しかし、このようにインターネットが消費者にもたらしたものはプラスのものばかりではない。ネット通販の進展が消費社会にもたらしてものをどのように分析していくのか、流通論の視点から考察する。

第1章

流通における調整形態の源流

― 買物弱者問題とネット通販をどう位置づけるのか ―

1.1 はじめに

　スマートフォンに代表されるように情報ツールの革新は目覚ましいものがある。それにともない我々の生活が劇的に変化したことは改めて言及するほどのことはない。我々の購買活動に関してもスマートフォンの出現により、24時間、いつでも、どこでも買物が可能となり、注文した商品は早ければ翌日には手に届く購買世界が到来した。このようなe-コマースの進展を下支えするICT（Information and Communication Technology: 情報通信技術）の革新は流通における取引の構造も劇的に変化させた。その激変の一つは、電子ネットワークが進展するなかで多くの取引が電子化・ネットワーク化され取引の空間・時間概念を劇的に変化させたことである。取引空間は飛躍的に拡大し市場範囲は世界規模にまで発展し、そこでの競争関係はグローバルなものとなった。取引における時間的制約も格段に解消され、時間的制約が取引における制約条件の1つではなくなりつつあるとも言える。もっとも、ICTの革新はこのような取引における時・空間の制約を打破しただけではなく、あわせてその取引にかかわる費用構造も革新的に変化させた。さらには、ICTの技術的進化がもたらした個別・分散化した消費に対応した柔軟な多品

種少量生産の確立は、企業間の協調や協働あるいは連携が必要であるという問題意識を表面化させ、企業内あるいは企業間の取引関係にとって関係性、情報共有、信頼関係の形成が重要であるということを認識させる契機ともなった。このことは流通部面においても例外ではない。ICTの進展による、企業内・間の取引関係に注目が集まると同時に流通における企業間関係を維持・発展させていくための関係管理構造に理論的にも強い関心が集まった。それは単なる戦略的な最適関係構造の分析であるとか、取引におけるコスト面からの有効性の分析には留まらない生産・流通・消費の主体がどのようなかかわり方をもって全体としての経済システムを形成しているのかという問題意識でもある。言い換えれば、その経済システム調整の仕組み自体が問題となっているということでもある。

現代の流通における取引現象を捉えるさいに、従来の枠組みで説明できないというわけではないが、従来の枠組みでは説明できないあるいは説明範囲を超える事象が表れてきていることは忘れてはならない。その現象が本書で取り扱う、買い物弱者問題やネット通販の進展などの問題である。現代のこのような新たな動きについて、従来の流通システムに貫徹していた調整メカニズムとは違った編成原理が存在すると考えられる[注1]。そこで本章では、このような新たな動きについて流通の調整機構という枠組のなかで捉えなおすためにその理論的系譜を外観し、どのように位置づけていくかを考察することにする。それは、生産、流通、消費の主体がどのようなかかわりをもって全体の流通システムを構築するのか、その調整の仕組みを明確にすることでもあるし、新たな調整システムを理論的に位置づけることが、従来の枠組みでは説明できない新たな部面を分析する契機となるとなり得ると考えられるからである。そこで、まずは調整概念が導き出された過程を過去の研究を遡行することから始めることにする。

注1　ここでの調整（co-ordination mechanism）とは、自立したさまざまな経済主体を統一的な経済システムまたは流通システムに編成する仕組みである（阿部［1993］）。

1.2 企業環境と組織関係の研究系譜

　組織間関係に安定化したひとつのパターンがあるとすれば、組織間構造とはその関係を形成する規則であるといえる。したがって、組織間構造の形態を明らかにすることは、どのような組織間の規則が形成されるのか、それは組織間においてどのような調整がおこなわれるのかを明らかにすることに他ならない。調整の研究は組織間関係、特に環境と組織の関係に関する研究にその起源があると考えられる。まずはここを議論の嚆矢とする[注2]。

　Burns and Stalker[1961]は、スコットランドの企業20社の事例研究を行い、技術システムと管理システムの関係を分析することで技術革新のスピードが組織の管理システムに影響を与えるということを明確にした。また、その研究成果は外部環境が内部の管理システムに影響を与えることを明らかにしたことでも意義深いものであった。外部環境が安定的ならば、内部管理システムは命令－権限の階層的特徴をもつ管理システムが、他方、外部環境の変化が激しい場合には、内部管理システムは命令－権限ではなく自由に意思疎通できるシステムが有効であると結論づけた。つまり、外部環境が安定的で不確実性が低い場合には命令 ― 権限型管理（官僚的組織）が、逆に変化が早く環境が不確実な場合には、比較的自由な管理組織（官僚的組織ではない組織）が有効であると指摘している。以上のことから、前者を「機械的管理システム」（mechanistic management system）後者を「有機的管理システム」（organic management system）と分類している。

　さらにBurns and Stalker[1961]の研究を発展させる形でWoodward[1970]は技術が組織構造を規定するという命題から、イギリス企業について定量的研究を行っている。そこで明示された結論は、技術スケールが小さい場合では「有機的管理ステム」が支配的である反

注2　Burns and Stalker（[1961]、Woodward [1965]、Lawrence and Lorsch [1967] 以降の組織と環境に関する一連の研究はコンティンジェンシー理論と呼ばれている。

面、大量生産においては「機械的管理システム」が支配的なシステムであるとしている。この研究の特出すべき点は生産技術によって最適な組織形態が存在することを示唆した点である。

また、Lawrence and Lorsch[1967] は、環境と組織構造の分化と統合について、プラスティック産業、食品産業、容器産業に属する企業を対象にして調査研究を行っている。そこで導きだされた結論として、分化と統合の程度が高い企業が業績も高く、どちらも低い企業が業績も低いというものであった。なかでも不確実性の高い環境にある企業は組織を分化させる傾向があり、さらにその分化した組織が高い業績を維持するには横断的組織構造を構築することが必要であるという点を指摘している。

このように生産技術体制によって、その管理システムは大きな影響を受けるだけでなく、環境の不確実性が高まると、集権的管理システムは環境への適応を制約されるため、分権的管理システムが求められ、不確実性が高い環境下では組織を分化し、縦型の管理体制ではなく、横断型（横断的組織体制）で対応することなどが求められることが明らかにされている。このように従来の組織論においては、企業組織と環境を対峙するかたちでとらえ、環境は所与のものとして存在し、企業環境の変化に対してどのような組織で、どのように対応するのかがということが問題であったといえる。

1.3　資源ベース・アプローチと資源依存アプローチ

企業の競争環境と成果に対して経営戦略論の分野において、企業や組織の保有する資源に注目し、経営資源、組織能力、組織デザインの組織関係構造あるいは、その経営資源や組織能力をいかにデザインし組織有用性を発揮するのかという研究潮流が存在する（[Wernerfelt 1984]

[Barney 1986]注3)。その中で企業の持つ資源に着目して、資源を基盤として企業の戦略や成果、あるいは構造を説明しようとする研究アプローチが存在する。このアプローチは資源ベース・アプローチ（Resource Based View）と呼ばれ、その基本命題は経営資源が組織の競争優位性の源泉であるという点にある。この研究の先駆者の1人である Penrose［1959］は企業成長のための資源の活用と管理メカニズムの解明を意図し、その資源概念は生産活動に直結するものと位置づけている。しかし、Wernerfelt は経営資源を「組織に継続的に帰属する有形・無形の資産」と定義し、具体的には機械や設備にだけではなく技術力、授業員の技能、生産方式などをあげている。また、Barney は「組織の効率と有効性を向上させる戦略の策定と実行に寄与しうる資産、能力、組織プロセス、組織特性、情報、知識など」としている。このような概念規定からもわかるように、経営資源は現在だけではなく、将来にわたって企業収益にプラスの作用する源泉として、企業イメージや経営者の資質、ブランドなども内包するものとして定義している。さらに Barney の特筆すべき点は戦略的ファクター市場（Strategic Factor Markets）という概念で戦略的に重要な資源を市場から取得する優位性が強調されていることである。資源ベース・アプローチは経営資源の異質性が競争優位性の源泉となる点はすでに述べたが、その資源をいかに蓄積するかについては、論点の相違が存在するのである。Penrose が組織内部での経営資源の蓄積を強調する反面、上述したように Barney は戦略的に重要な資源は市

注3　経営資源や組織能力の再認識は企業独自の資源展開によって「コア・コンピタンス」（core competence）を形成し、持続可能な競争戦略を構築しようとする競争論的な視点に起因している。コア・コンピタンスに関して Hamel and Prahalad［1996］は「他社には提供できないような利益を顧客にもたらすことのできる企業内部に秘められた独自のスキルや技術の集合体」と定義し、そのための3つの条件として①顧客から認知される価値であること②競合他社との差別的優位性をもつこと③企業力を広げる力をもつことをあげている。さらに、統合的な技術や資源を自前でワンセットとして発展させるよりも技術をモジュール化して、特定のモジュールに特化しそれ以外は他の資源を有効に活用し大胆な提携戦略の有効性を主張する「モジュール化」の議論もその潮流にあるといえる。

場からの調達が効率的であるとする点を強調する。[注4] 企業内部の資源が企業の成果へ大きな影響を与える点には共通した視点が存在するが、その資源の調達を内部において蓄積可能とみるのか、外部から調達可能であるとみるのか見方が分かれるところである。

　組織はその存続と成長を自己完結的にコントロールすることは不可能である。あるいは、外部環境によって自己裁量を制限される可能性が高いため、特に他の資源を保有する他組織と相互関係を構築しなければならないとする問題点に立脚して、関係のあり方や必要資源の獲得に与える影響などをフィールドとした組織間関係研究が進展している。[注5] ここでの論点とは外れるので、経営資源が競争優位の源泉であり、その資源をどのように移転させ、競争優位性を獲得するのかが資源ベース・アプローチの基本的考え方であり、その後は組織が維持、展開するために必要な資源は内部によって形成するのかあるいは、外部に依存していくのかという研究へ進展していることを確認することにとどめておく。

　また、組織間関係を分析する枠組の一つとして資源依存アプローチ（Resource dependence view）がある。[注6] 資源依存アプローチとはPfeffer and Salancik［1978］によって提唱された分析枠組である。その理論的な特徴は大別して二つある。第1に、組織はオープンシステムとして外部環境に依存し、外部環境から統制されたり、組織内部の意思決定に影響と不安定性をもたらしたりすることが不可避であるという点。第2に、組織は資源依存を認めつつも自らの自律性を保持し、自

注4　Dierickx and Cool［1989］はBarney［1986］の資源は市場から調達可能であるという考えに対して、顧客からの信頼や忠誠度、品質への評価、研究開発能力などは市場で売買することは不可能であり、仮に市場調達可能であったとしてもその資源は競争優位性の源泉とはなり得ないとして批判している。

注5　組織間関係論の研究系譜に関しては山倉［1993］を参照。

注6　余田［2000］は資源依存アプローチを組織間関係分析へ援用する場合の問題点として、組織は自らの自律性を保持しながら他組織への依存を回避するという前提は、交渉型あるいはコンフリクト型の組織間関係に結びつくものであり、ある特定の関係特性を分析するには適しているが、ある組織間関係と別の組織間関係の間の差や組織間関係の国家間比較を行う場合には適していないと指摘している。

らの組織の影響範囲を拡大すると同時に、他組織からの被支配を回避しようとする点にある。つまり、組織は自律化したものであり、オープンシステムとして外部環境に依存するため、外部環境（他組織も含む）から統制され制約されることは不可避であり、外部環境との依存関係が組織存続・成長のカギになるというものである。

桑田・田尾［1998］は依存関係を決定する要因として、3つの要因を挙げている。[注7] 第1に資源の重要性である。資源の重要性には、相対的な取引量とその資源の緊要性（criticality）の二つの次元があり、相対的な取引量とは当該組織が外部環境と取引する総量に占める、特定資源取引量の比率である。また、資源の緊要性とは資源取引量の多寡に関係なく、その資源が当該組織にとって緊要性を要する程度によって規定される。第2に、資源の配分と利用に対する自由裁量の程度である。それは、他組織が保有する資源の配分や使用方法の決定に対する自由裁量の大きさである。第3に、代替的な資源獲得の可能性、あるいは資源統制の度合いである。すなわち、当該組織が必要な資源にアクセスするための代替的な可能性があるか否かである。当然のことながら、当該組織にとって代替可能な資源を有する他組織が複数存在すれば、個々の組織に対する依存度は少なくなるといえる。

ここで改めて確認しておくことは、依存性は当該企業にとっての資源の重要性と資源に対する自由裁量の程度、代替資源獲得の可能性に規定され、それが、当該企業の他企業への依存と他企業の当該企業に対するパワーをもたらすということである。つまり、依存性をマネジメントし自律性を確保するという視点が資源依存アプローチのカギであるといえ

注7　ここで注意しておかなければならない点は、組織間の依存関係がただちに組織間のパワー関係を決定する訳ではないということである。なぜなら、組織間の依存関係は一方が他方に完全に依存する場合と相互に依存しあう場合がある。したがって、一方が他方に完全に依存してしまうには、その依存関係が非対称的であり、従属する側の組織が「相殺パワー（countervailing power）」をもたないことが条件となる（桑田・田尾［1998］）。それぞれの組織にとって当該取引の重要性は、それぞれの組織の規模や取引の比率、または緊要性によって変化する。

る。このような点からも、資源依存アプローチにおいては資源依存こそがパワー優位性の源泉であり、企業統合によってだけではパワー優位性を確保できないはずであるし、統合後の内部統制問題は残されることになる。このように資源依存アプローチにおいて組織間の依存関係などに焦点を当てることでその競争優位性を明らかにしようとしたが、資源依存アプローチの論点は外部環境からの統制と制約、それに対する当該組織の自律化であり、組織間関係の内実を取引様式の問題として捉えていない点には不満が残るものであると言える。

1.4　取引コストアプローチと中間組織

　Coase［1988］[注8]を創始者とする取引の経済学は、企業組織内部の機能と取引に焦点をあてる新たな企業組織分析のフレームを提示したといえる。従来、市場取引は「無費用・無時間」で行われるという前提に対して、取引相手の探索・交渉・履行のプロセスで生じる費用、いわゆる取引コストという概念を導出することで取引コストの多寡が市場取引に影響を与えることを明らかにした点は以後の企業組織研究の基礎となっている[注9]。

　Coase の取引コスト概念をさらに発展させたのが Williamson［1985］である。それは取引コストとは代替可能な取引を選択するかによって節約可能性が存在することを明確にした取引様式の選択理論である。それは、取引される財の特性（いわゆる「取引の少数性」）や取引環境が「不確実」で「複雑性」を有する状況下においては、取引主体の「限定された合理性（bounded rationality）」あるいは、「機会主義的行動（opportunistic behavior）」という要因が作用することによって、市場を介する取引には多大の費用がかかり、その費用を最小化するまで市場

注8　この基礎となる論文 The Nature of the Firm は 1937 年に出版されたものである。
注9　ここで使用する取引コストアプローチとは、Williamson［1975］以降の取引コストに注目した取引様式の選択理論の総称である。

が組織化されるということである。

　williamsom によって発展してきた取引コスト概念（以後は取引コストアプローチ）の方法的特徴は、取引を分析の対象として、取引コストという観点から組織の存在理由を明確にした点にとどまらず、「市場」と「組織」の中間領域としての「中間組織」ひいては取引の調整機構の選択問題への契機を与えたことを指摘することができる。

　取引コストアプローチは、取引コストの多寡が組織構造に変化を生み出すことから、組織のさまざまな形態として市場と組織が融合した中間組織を解明しようとする研究へ発展している。それは、市場での取引コストを削減するために、組織内部取引に代替するという側面と、「限定された合理性」や「機会主義的行動」という人間的要因が「組織の失敗」を生み出す側面の両面を併せ持ち、そのための調整を取引コストの節約という観点から説明しようとするものである。市場での取引コストを節約するため、市場取引の一部を企業内部に取り込んで組織決定すること、つまり市場取引コストと組織化コストを比較することで生まれる中間形態に注目することで「中間組織」の効率性に焦点を当てるのである。「中間組織」形成の論理は市場と組織の両システムの特徴を基盤としている。市場システムは効率性、調整速度の速さ、非連続性、比較容易性（価格還元主義）という正の側面と外部性、不確実性、不安定性・不均衡性という負の側面を併せもつ。他方、組織には不確実性の吸収、予測可能性、共生・協力という正の側面とモラルハザード、イノベーションリスク、調整・統合コストなどの負の側面を併せもつ。このようにそれぞれプラス、マイナスの両面性があり、「中間組織」はこのような両システムの融合にもとづいて両者を相互補完する形で成立するものだといえる。

　さらに、「中間組織」の概念を超越し、新たな革新的な視点として発展した概念がネットワーク組織である。その先駆的役割を果たしたのが今井などによって展開されたそれである[注10]。その出発点は「ネットワー

注10　宮澤［1988］は市場にまたがりそれと組織を結びつける第三のものとして「連結型組織」＝ネットワークを挙げている。

クというものを市場とヒエラルキー組織をこえたものとして捉えたい」（今井・金子［1988］153頁）という点にある。市場システムは合理的・効率的資源配分や需給関係の調整、さらにはあらゆる情報を価格に一元化するメカニズムなど、ある条件下においては有効に作用し、その効率性は改めて述べるまでもない。しかし、同時にそれは市場経済の発展にともない、その矛盾や限界を露呈することにもなった。その対処として、市場メカニズムとは異なった編成原理をもつ、組織内部の制御システムが求められるようになったのだが、その市場内部の制御システムもまたその矛盾や限界を露呈することになる。

1.5 経済社会における調整概念

　組織間関係は上述したように経営学や経済学において広く議論されてきた訳であるが、その方向性が経営学においては組織間関係の取引の効率性や資源移転が競争優位にどのように作用するのという点に関心があり、経済学においては取引コストをめぐる組織と市場の問題としてクローズアップされてきたといえる。しかし、組織間関係において企業間の関係はどのように調整されるのかという問題意識とは別に社会学の分野において「社会生活はどのように調整されるのか」という問題意識からの研究成果が存在する。もちろん全ての論者に意見の一致がみられるわけではないが、社会生活はどのように調整されるのかという問題意識から、調整という概念を通じて社会生活全体を捉えようとするものである（Thompson, Frances, Mitchell［1991］）。そのなかでも Powell［1990］は経済組織のあり方を3つのパターンに分類している。ここでの Powell の注目すべき点は、社会関係において契約や管理・命令に

注11　阿部［1993］はネットワークの先駆性を「内部階層組織を社会的交換の場、市場組織を交換の場と考え、ネットワーク組織はその両者の融合した社会的・経済的交換の場にみるところにある」とし、ネットワーク組織は自由で弾力的は経済交換の制度＝市場と長期的関係に基づく信頼関係や共感とコミットメントを融合することで階層組織の失敗を克服できるとしている。

よらない第三の調整形態の存在に焦点を当てたことである。それは、経済組織の形態に関して市場組織や階層組織との違いを明確にし、独自の論理をもった異種の交換様式として「ネットワーク」を特徴づけたのである。そこでのキーワードが互酬基準や信頼関係、相互依存として示されている。

図表1.1　経済組織形態の様式比較

基本的特徴	市場	ハイアラーキ	ネットワーク
規範的基盤	契約－所有権	雇用関係	補強力
コミュニケーション手段	価格	常軌性	関係性
コンフリクト解決方法	価格をめぐる論議－裁判に訴える	管理的命令－監督	互酬基準－信頼関係
柔軟性の程度	高	低	中
関係者間のコミットメント	低	中～高	中～高
トーンや傾向	正確性と疑念またはどちらか	形式、官僚的	オープン、相互利益
行為者の成果や選択	独立	従属	相互依存
混合形態	反復取引（Geertz 1978）階層的文章としての契約（Stinchcombe 1985）	非公式組織（Dalton 1957）市場のような特徴：プロフィットセンター振替価格	複合的なパートナー、公式的ルール

出典：Powell［1990］108頁

　また、Bradach and Eccles［1989］は統治構造（governance structure）における手段を「価格（price）」「権威（authority）」「信頼（trust）」としてとらえている。ここでの価格は市場メカニズムを構造的に支えるものであり、権威は組織あるいは官僚制に代表的な調整手段である。しかし、信頼とは単独で成り立つものではなく、価格や権威と絡み合う複

合的な形態として理解され、経済活動の調整形態としてはポジティブに作用することを社会学的アプローチによって解明している[注12]。つまり、信頼関係によって制御される「信頼による統治（governance by trust）」が多様な経営資源の交換を促進することを積極的に評価したものといえる。このようにさまざまな分野からの研究蓄積を踏まえ、さらにこれらを発展させるかたちで、流通における企業間関係あるいはチャネル研究においてもあらたな調整概念として「ネットワーク」が注目されることになる。以後は流通やマーケティング研究においてどのように調整概念が取り扱われてきたのかを確認したい。

1.6. マーケティング論における調整概念

マーケティング理論における調整概念の先駆的研究としてArndt [1979] の「飼育された市場」(domesticated market) の議論をあげることができる。それは、取引が純粋な市場的取引として一回限りのものとして行われるのではなく、現在の市場を長期的・継続的な取引を基盤とした「飼育された市場」として捉えことでその特異性を明らかにしている。すなわち、現代の取引関係は新古典派経済学的な市場観（取引の無名性、無時間、無費用）で説明できるものでなく、取引の継続性や安定性を基盤とした内部化市場を強く意識した市場として捉える必要性を強調したものといえる。純粋な市場取引は価格メカニズムによって、事後的に調整される。ところが、「飼育された市場」においては企業内部の集中化した統制機構によって事前的に調整される。事前的調整は、外部環境の不確実性を吸収することが可能であり、機会主義的行動を抑制することができ、市場取引でより総コストを抑えることが可能である。

注12　信頼に関する議論は組織社会学、組織心理学、経営学など様々な分野での議論がなされている。特に社会学の分野においては、社会的交換の議論をもとにして社会システム論的アプローチ（Luhmann [1969]）や現象学的アプローチ（Zucker [1986]）さらには社会ネットワークアプローチ（埋め込みアプローチなど）(Granovetter [1985])(Uzzi [1996]) など多様な研究が蓄積されている。

ここでは、スポット的に行われる市場取引関係をことさらに重視するのではなく、不確実性が高い市場環境における長期継続的な取引関係の優位性を指摘しているといえる。

さらにその後 Arndt［1981］はその問題意識を発展させる形で、調整機構のタイプを以下のように 3 つに分類している。[注13] その特出すべき点は企業の内部階層組織による計画や管理よりも、むしろ企業が外部的な市場関係のなかに展開する Politics な関係を重視して、それをきわめて現代的な調整機構として強調した点にある（阿部［1993］）。そのような視点は、Arndt［1979］が「飼育された市場」と呼んだように、市場取引の関係が企業内部に取り込まれ、合併や企業統合が行われるだけでなく、むしろ独立した企業同士の長期契約に基づき内部化のメリットを最大限に生かした計画・管理のパターンが増えているという当時の時代的背景によるものが大きいといえる。[注14] しかし、現在に目を向けるとArndt が指摘した当時に比べ市場環境の不確実性は増大し、多様な組織間関係が存在している。このような状況下において、もはや、Politicsという概念だけでは、現代の流通システムを捉えられなくなっている。

また、EL-Ansary and Stern［1992］はチャネルシステムの形態を伝統的チャネルシステムと垂直的マーケティングチャネル（VMS）に分類し、さらに後者を管理型（administered system）、契約型（contractual system）、企業型（corporate system）に分類している。

ここでの伝統的チャネルは価格の操作や市場メカニズムの関連様式を通じて調整される流通システムであり、詳細な合目的よりもむしろ駆け引きと交渉を通じて調整が行われる。管理型はプログラム化されたマーチャンダイジングの公式化に基づいて調整がなされる。さらに、契約型とは契約協定（明示的・暗示的契約）を利用することで相互の活動を調

注13 市場の対極に Hierarchies（階層組織）だけでなく Bureaucracies（官僚組織）と併記しているのは、企業における組織だけではなく、国家機構も内包した概念だからである。

注14 具体的には、フランチャイズ・システムや共同開発、あるいは流通系列化、下請制度をあげている

整しようとする形態である。企業型とはチャネルメンバーが一つの組織によって所有・運営されるものであり、調整は命令・権限によってなされる。

図表1.2　経済調整機構の3つのタイプ

	Market	Politics	Hierarchies（Bureaucracies）
目標	共有せず	共有せず	共有
調整手段	価格機構	交渉	命令
相互作用の特質	自動的・無名的	非自動的・明示的	非自動的・明示的
インセンティブ	利潤	パワー	昇進・出世
調整の時間的特質	事後	事前	事前
構造	競争	民主主義	管理

出典：Arndt［1981］　41頁

　このように、EL-Ansary and Stern は統制水準の高い垂直的マーケティング・システムの中での調整形態の違いに注目している。なかでも管理型においては、組織の共有目標に基づいて非公式に協働する共同プログラムによりマーチャンダイジング計画を立案し実行することであるとして、そこでの調整は共有目標の達成と共通利益享受のための計画であるとしている。このようにチャネルシステムの管理・統制においても、市場取引的な要素が強い伝統的チャネルと管理・統制が強い企業型チャネルを両極において、その中間的領域の出現をチャネルの中でどのように位置づけていくの、つまり調整をどのように考えるが大きな問題となっている。

図表1.3　EL-Ansary and Stern［1992］の伝統的・垂直的マーケティング・チャネルシステムの特質

特質	伝統的チャネル	垂直的マーケティング・システム			
		管理型	契約型		企業型
			ボランタリーあるいはコーペラティブ	フランチャイズ	
システム全体の目標	なし	制限的かつ非公式	制限的かつ非公式	包括的かつ公式	広範かつ公式的
調整メカニズム	駆け引きと交渉	マーケティング計画	契約	契約	企業方針
柔軟性	非常に高い	高い	並	低い	非常に低い
必要投資	非常に低い	並	高い	高い	非常に高い

出典：EL-Ansary and Sterm［1992］128頁

　また、田村［2001］はサプライチェーンを念頭にして、その編成原理が「商業」でもない「マーケティング」でもない取引モードを「ネットワーク・モード」と呼んでいる。ネットワーク・モードは、知覚システムにおいてメンバー間でその市場情報が収集・共有され、商業モード、マーケティング・モードに比して優れている。ネットワークメンバーの結合利益あるいはメンバー全体の利益を追求する点においては商業モードと類似しているが、その主体的意識の有無が両者を峻別するものとなっている。さらに実施システムにおいては、柔軟性をもつ対話の有効性を指摘している。

　ただし、田村はネットワーク・モードの有効性を高く評価するだけでなく、ネットワーク・モードは市場環境変化に絶えず学習し、柔軟に、迅速に適応し流通フローを作り出す反面、商品の適応範囲が限定され、しかも結合利益の配分を明確化するメカニズムを持っていないため、容易にマーケティング・モードに変容したり、電子市場の形成を通じて商

業モードに転じたりする不安定性を有している点を指摘している。続けて、調整形態としてのネットワークは市場取引や組織的取引のただ単なる変種であり、独自の理論をもった異種の交換様式と理解するのではなく、容易に変容可能な構造を内在する不安定な形態だと理解するのが適切であると指摘している。つまり、ネットワーク調整は企業間の関係性をいかにマネジメントするのかという関係管理能力の問題であるとしている。このような田村の指摘は、現代流通における競争的優位性を実現するための共創価値戦略やサプライチェーンマネジメントを実行するための組織間協働行動の出現をどのように位置づけるのかということだけでなく、市場取引の負の側面や組織的取引の負の側面が流通において現出する社会経済的な問題をどのように流通理論において捉えるのかという共通の問題意識を基底に持っている。よって、ネットワーク調整の可能性を過大に評価するのではなく、その不安定性や脆弱性を強調していると考えられる。しかし、それがどのような生じ、どのような編成原理なのかについては言及していない。

図表1.4 調整機構としてのネットワーク

	商業	マーケティング	ネットワーク
知覚システム	ミニチュア市場での価格	個別企業による情報収集	参加者間での情報共有
目標システム	社会的流通費用の削減	ブランド化による特定企業の特別益	参加者の結合益
実施システム	開放的で自由な取引	パワー（管理階層による指令）	パートナー関係による対話

出典：田村[2001] 312頁

注15 決してネットワーク組織の独自性を否定するものではない。組織の失敗や市場の失敗を解消し、長期的な関係による、信頼や共感、あるいはコミットメントという行為を内包した新たな組織形態（第3の組織）としてのネットワークは市場が不確実で競争が激化する今日の状況下において積極的に評価する必要がある。

1.7 取引の長期・継続性と企業間統治

　このように組織間関係の研究はスポット的な取引を基礎とするまさに市場的取引関係と企業の内部取引に代表されるような指示・命令・権限による取引を基礎とする組織取引の関係に焦点を当て、そのような組織間関係がどのように形成されるのかという研究へ進展していくにつれて、焦点は取引自体が短期的取引かあるいは長期・継続的取引なのかという取引自体の特殊性、統治構造に議論がシフトしていくことになる。現実の取引に目を向ければ、ブランド・ロイヤルティやストア・ロイヤルティを形成という観点から関係的取引が消費財の分野において重要視されてこととも関連する。このことは、取引に組み込まれる歴史性や社会的コンテクスト、取引当事者間で存在する利害の相互性や義務の履行を基礎とした長期的・継続的取引としての関係的取引研究の重要性を認識させることになり、その後の研究の1つの方向性をつくることになる。

　長期的・継続的な取引に関する研究といえば、Macneil［1977］の関係的契約理論（relational contract law）がある。Macneilが強調したのは、契約的関係行動（contract exchange behavior）であり、過去の交換関係が未来の交換関係の基礎となり、交換は伝統的な契約法によるものか、あるいは関係を基礎にした「約束を含まない交換」（nonpromissory-based exchange）のいずれかであるとしている。このMacneilの「約束を含む交換」（promissory-based exchange）と「約束を含まない交換」という視点が関係的交換を考える基礎となっている（［Nevin［1995］）。

　また、Macneilの概念を発展させ関係的取引の有効性を指摘したのが、Dwyer,Schurr and Oh［1987］である。彼らは、従来のマーケティング研究においては、個別的な取引研究に傾倒してきた側面が強く、マーケティング・チャネルにおいては売り手と買い手間の関係的取引が強いにもかかわらず、その側面を強調してこなかったとして、「離散的取引」（Discrete Transaction）と「関係的取引」（Relational Transaction）を峻別している。離散的取引においては、取引相互に目標の一致が見ら

れず、協働に努めることはないが、関係的取引では、取引が長期・継続的になることによる信頼の形成が不確実性を削減し成果への協働の努力が生み出され、競争優位が形成されることを指摘している。[注16]

また、Heide and John[1990]は、継続的取引の発生を説明する要因として関係的能力とその取引特定的な性質に注目したWilliamson[1985]の「取引特定的資産」(transaction-specific asset)概念に着目し、その取引特定的資産が取引コストに影響をおよぼし、戦略的提携(joint venture)を活発化することを明らかにしている。[注17]さらにHeide[1994]は資源依存アプローチも取引コストアプローチも環境の不確実性や依存関係への対応から市場によらない統治が存在することを指摘している。[注18]それはMacneilの関係的契約理論に基づく関係的交換にみられるような双方的統治が新たな統治構造をもたらすというものである。その研究は高い依存関係と相互対称性が柔軟な調整をもつ双方的統治構造へ導くという仮説1と、一方的な依存は双方向的統治を減少させるという仮説2からなり、その検証の結果は高い依存関係と相互対称性は柔軟性を促進し、一方的な依存は柔軟性を欠くことにつながるという結論を導き出している。図表1.5はHeide[1994]の組織間統治タイプの類型化である。

さらに、Thorelli[1986]やWebster[1992]は取引の長期・継続性から企業間関係を市場取引と内部取引とネットワークとして捉えている。Webster[1992]は取引の連続性を基準として、取引の発展過程を

注16 Dwyer,Schurr and Oh[1987]は関係の展開過程を五つの段階①意識段階(awareness)=取引相手を探し、意識する段階、②探索段階(exploration)=候補を探索し評価する段階③拡大段階(expansion)=相互関係の増加と関係が深まる段階、④コミットメント段階(commitment)=関係の継続性に対する暗示的、明示的な誓約⑤解消段階(dissolution)=関係を解消するに分類している。

注17 Heide and John[1990]の問題点は取引特定的投資と戦略的提携(ジョイント・ベンチャー)には強い相関が認められるとされているがその具体的因果関係が明確にはされていない。

注18 資源依存アプローチでは、相互関係による成果の取り扱いを問題にしているのに対して、取引コストアプローチでは関係の組織化の効率性が問題とされているとして、両者の成果水準の違いを指摘している。

コントロール水準が低い市場取引から統治・管理によるコントロール水準が高い垂直統合までを同一線上に捉えている。継続性の各段階によってリレーションシップや戦略提携を概念的に区分するだけではなく、市場取引から垂直統合（内部取引）へという発展過程の中にネットワーク組織を位置づけ、その役割と可能性を論じていることが注目すべき点である。[注19]

図表1.5　組織間統治タイプの類型化

	市場による統治	市場によらない統治	
		一方的/階層的	双方的
1.関係の開始	特定の開始プロセスはない	選択的エントリー；スキルトレーニング	選択的エントリー；バリュートレーニング
2.関係の維持			
2.1　役割の明細	個々の役割は個々の取引に適応	個々の役割は全ての関係に適応	重複する役割；共同活動やチームの責任
2.2　計画の性質	存在しない；あるいは個々の取引に限られる	事前/一方的；代替案を義務づける	事前/共同；変化しやすい
2.3　調整の性質	存在しない；あるいは退出や即時の補償	変化への事前的メカニズム	相互調整を通じての双方的交渉による変化
2.4　監視手続き	外部/受身的；アウトプットの測定	外部/受身的；アウトプットや行動の測定	内部/能動的；自己コントロールを基礎とする
2.5　インセンティブ・システム	短期；アウトプットと結びつく	短-長期；アウトプットや行動と結びつく	長期；システムに関連した状況と結びつく

注19　Webster[1992]はネットワーク組織の特徴を柔軟で関係自体を管理する焦点機能（ハブ）を中心にした連合体であり、顧客との関係管理やネットワーク間の情報資源の管理を行うものであるとしたうえで、顧客との関係管理が重要な戦略上のカギとなるとしている。

2.6　実行手段	関係外部;法的システム、競争、相殺投資	関係内部;合法的権威	関係内部;関心の相互性
3. 関係の終了	離散的取引の完成	関係の固定化や終了への明確なメカニズム	無制限の関係

出典：Heide［1994］　75頁

1.8　現代流通におけるネットワーク・アプローチ

　このように現代流通研究における関心事の1つは、相互に自立しつつ相互依存している組織システムの連関に関する領域、いわゆる中間領域に関することはすでにご理解いただけたであろう。それは上述したように現代流通においてネットワーク調整部分が拡大してきていることに起因している。このネットワーク調整の重要性をいち早く指摘したのが阿部［1993］である。阿部は現代流通を「市場・階層組織・ネットワーク」という3つの調整機構によって説明しようとする。ここでの市場とは、価格を中心としたマーケットメカニズムによる調整である。また、階層組織とは、独占的大企業や官僚組織（政府による統制も含む）に代表される管理統制のメカニズムである。さらにArndt［1981］やPowell［1990］を援用しこの2つには属さない第3の領域として「ネットワーク組織」を位置づけ、新たな調整機構に焦点を当てている。ここで、注目すべき点はこのネットワークの特徴を分権的で参加型として位置づけ、そこでの取引を規定するものが互酬や信頼関係であり、その関係は相互依存によって成立するという点にある。まさにネットワークとは市場による活力と階層組織の計画的安定性のプラス面は活かしつつ、市場における支配-従属、管理機構の閉塞性を除去するという調整原理に他ならないのである。このように阿部のネットワーク概念は現代流通における単なる売買関係や管理機構によってだけでは、取り扱うことができ

ない、あるいは取りこぼされてしまう側面に光りを当てるものだといえる。それは、従来の流通論における無店舗販売の延長では捉えきれないネット通販市場の拡大であったり、または、ネット通販が進展しても解決しえない、あるいはこぼれ落ちる互酬的な取引問題であったり、マーケットメカニズムから切り離された人間関係を基底とした買い物弱者の問題であったりするわけである。このように、ネットワーク概念が流通において重要であるということを再認識させる契機となっているのである。

流通部門における市場でもなく、組織でもない調整形態をネットワークとしてとらえることをここでは「ネットワーク・アプローチ」と呼ぶことにする。では、ネットワーク・アプローチが現代流通を解明する方法論としての適合性はどこにあるのだろうか。ネットワーク・アプローチの特徴はその対象主体が「ダイアド関係」から「トライアド以上」[注20]に拡大することで、ダイアド関係をその基礎とするチャネル・システム・アプローチを超えていく可能性をもつということである。それは、ダイアド関係によるパワーとコンフリクトでは明らかにできる対象が限定され、特に長期的な関係が生み出すコミットメント（Gundlach, Achrol and Mentzer［1995］）や、組織の価値や規範といった目に見えない関係、あるいは当該組織が自ら埋め込まれている組織間の規範など取引の経済的側面以外の側面に光を当てることにある。このようにネットワーク・アプローチから現代流通をとらえることにより、SCMやSPAなどの小売業が実需情報を起点にして、生産に関与することで事前調整をおこなうような形態も新たな理論的位置づけを与えることが可能になると考えられる。

また、加藤［2006］は現在の流通における潮流を、商業的需給調整の復活と位置づけ、大手流通企業によるチャネル・ネットワークが新たな流通再編を促し、その中心的役割を担うとしてする「ネットワーク・オーガナイザー・モデル」を提唱し、さらに崔［2009］は大手流通企

注20　久保［2008］を参照。

業が主宰するネットワーク・モデルだけではなく、大手メーカーがオーガナイズするネットワークや大手卸売企業が主宰するネットワークである「多元的ネットワーク・オーガナイザー・モデル」を提示し、チャネル研究の新たな道を切り開いている点はネットワーク・アプローチの重要性を示す傍証であるといえる。

　また、従来の流通研究における対象はリアルな商業組織（実店舗を基本とする組織）に限定されていた。あくまで無店舗は特殊な対象であり、市場規模も小さいものであった。それは意図的に限定していたというよりも、バーチャル・マーケットプレイスの急速な進展にその理論が追い付いていなかった点にあると考えられる。そのような、e-マーケットを現代流通のなかでどのように位置づけるのかという問題にもネットワーク・アプローチがその解明の方向性を示すと考えられる。阿部［2009］は現代流通を、寡占メーカーによる流通組織の垂直的支配は大手流通企業の成長によってその影響力が薄まる側面と他方では、市場からの動きとして市場のもつ機会主義的行動による混乱を抑制し、ゆるやかな共同連携の動きや、あるいは管理・命令系統を強化し結合・連結利益を重視する製販統合やSCMが進展する側面の両面として捉え、そのベクトルが階層組織からの市場化であろうが、市場からの組織化であろうが、その中間領域が重要性を増すと指摘している。この中間領域こそがバーチャル・マーケットやバーチャル・コーポレーションというわけである。

　このように様々な論者によって指摘されているように、現代流通は、階層・組織的調整が支配する領域と市場的取引（商業）が支配する領域の交錯連関する場として捉える必要があり、この「協力」と「対立」からなる継続的取引のガバナンス構造を捉えるものとしてネットワーク・アプローチは今後の流通研究において新たな刺激を与えるといえる。

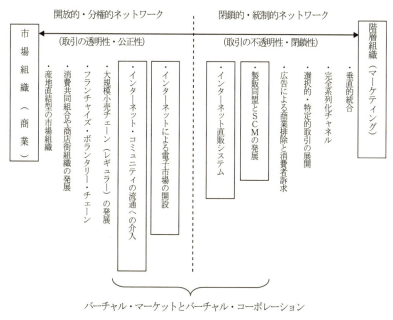

図表1.5　中間的流通組織(ネットワーク組織)のスペクトル

出典：阿部[2009]　84頁

1.9. むすびにかえて

　ここでは、企業間取引関係とくに流通における取引関係を調整概念という視点で捉えてきた過去の研究を概観してきた。そこで明らかになったことは、新たな調整機構として中間形態の存在と、ネットワーク・アプローチの可能性である。その問題点と今後の課題をのべることでむすびにかえたい。

　従来からのマーケティング・流通研究では、その中心対象は企業間の連結システムであり経済的取引である。本章においてもそれを中心に議論をおこなってきた。これは、市場経済のもとで流通システムが売買関係を中心とした組織間関係として構築・維持・発展してことからすれば当然の帰結である。しかし、ICTの進化や革新が流通システムにもたら

すインパクトは消費者の流通システムへの積極的関与をもたらしたり、消費者意識の成熟化、ネットを介しての消費者運動へと発展している。そのことは従来、流通過程においてその外に位置づけられてきた消費者をいかにとらえるのか、つまりは、積極的な流通過程のメンバーとして理論的に位置づけることに他ならない。今後のマーケティング・流通研究に残された課題である。このような流通システムに関与する消費者の説明原理として、ネットワーク調整という概念は有効で包括的な概念でありうる。

［付記］本章は以下の論文を加筆・修正したものである。
久保康彦［2006］「流通における調整概念に関する研究の動向とその検討」『相模女子大学紀要』No. 70、pp.85-97。

参考文献・資料

Arndt, J.[1979]. Toward a concept of domesticated markets. *The Journal of marketing*,69-75.

Arndt,J.[1981]. The Political Economy of Marketing systems:Reviving the Institutional Approach. *Journal of Macro-marketing*, october1,36-47.

Barney, J. B.[1986]. Strategic factor markets: Expectations, luck, and business strategy. *Management science*, 32(10), 1231-1241.

Bradach, J. L., & Eccles, R.G.[1989]. Price, authority, and trust: From ideal types to plural forms. *Annual review of sociology*, 15(1), 97-118.

Burns, T., & Stalker, G. M.[1981]. The Management of Innovation, Tavistock, London, 1961. *Burns The Management of Innovation 1961*.

Coase, R. H. [1988]. *The firm, the market, and the law*. University of Chicago press. (矢沢健一・後藤晃・藤垣芳文訳『企業・市場・法』東洋経済新報社 1992年)

Dierickx, I.,&Cool,K.[1989]. ASSET STOCK ACCUMULATION AND THE SUSTAINABILITY OF COMPETITIVE ADVANTAGE: REPLY. *Management Science*, 35(12).

Dwyer, F. R., Schurr, P. H., & Oh, S.[1987]. Developing buyer-seller relationships. *The Journal of marketing*, 11-27.

Gundlach, G. T., Achrol, R. S., & Mentzer, J.T.[1995]. The structure of commitment in exchange. *The Journal of Marketing*, 78-92.

Granovetter,M.[1985]. Economic action and social structure: The problem of embeddedness. *American journal of sociology*, 91(3), 481-510.

Hamel, G., & Prahalad, C. K.[1996]. *Competing for the Future*. Harvard Business Press.

Heide, J. B.[1994]. Interorganizational governance in marketing channels. *The Journal of Marketing*, 71-85.

Heide, J. B., & John, G.[1990]. Alliances in industrial purchasing: The determinants of joint action in buyer-supplier relationships. *Journal of marketing Research*, 24-36.

Lawrence, P. R., & Lorsch, J. W.[1967]. *Organization and environment: managing differentiation and integration* .Harvard Business School Press.

Luhmann, N.[1968]*Vertrauen: Ein Mechanismus der Reduktion sozialer Komplexität* Ferdinand Enke Verlag Stuttgart （大庭健, 正村俊之 訳『信頼―社

会的な複雑性の縮減メカニズム.』勁草書房 1990年)

Macneil, I. R. [1977]. Contracts: Adjustment of long-term economic relations under classical, neoclassical, and relational contract law. *Nw. UL Rev.*, 72, 854.

Nevin, J. R. [1995]. Relationship marketing and distribution channels: Exploring fundamental issues. *Journal of the Academy of marketing Science*, 23(4), 327.

Pfeffer, J., & Salancik, G. R. [1978]. *The external control of organizations: A resource dependence perspective*. Stanford University Press.

Penrose, E., & Penrose, E. T. [1959]. *The Theory of the Growth of the Firm*. Oxford university press.

Powell, W. [1990]. Neither market nor hierarchy Form of Organization. *The sociology of organizations: classic, contemporary, and critical readings*, 315, 104-117.

El-Ansary, A. I., & Stern, L. W. [1992]. *Marketing channels*. Prentice-Hall.

Thompson, G. (Ed.). [1991]. *Markets, hierarchies and networks: the coordination of social life*. Sage.

Thorelli, H. B. [1986]. Networks: between markets and hierarchies. *Strategic management journal*, 7(1), 37-51.

Uzzi, B. [1996]. The sources and consequences of embeddedness for the economic performance of organizations: The network effect. *American sociological review*, 674-698.

Webster Jr, F. E. [1992]. The changing role of marketing in the corporation. *The Journal of Marketing*, 1-17.

Wernerfelt, B. [1984]. A resource-based view of the firm. *Strategic management journal*, 5(2), 171-180.

Williamson, O. E. [1975]. *Markets and hierarchies*. New York, 2630.

Williamson, O. E. [1985]. *The Economic Institutions of Capitalism: Firms, markets, relational Contracting*. Free Press.

Reeves, T. K., & Woodward, J. [1970]. *Industrial organization: Behavior and control* Oxford University Press.

Zucker, L. G. [1986]. Production of trust: Institutional sources of economic structure, 1840-1920. *Research in organizational behavior*, 8.53-11

阿部真也[1993]「現代流通の調整機構と新しい市場機構」阿部真也監修『現代の消費と流通』ミネルヴァ書房。

阿部真也[2009]『流通情報革命』有斐閣。

今井賢一・金子郁容[1988]『ネットワーク組織論』岩波書店。

加藤司[2006]『日本的流通システムの動態』千倉書房。

久保康彦［2008］「マーケティングにおけるネットワーク・アプローチのための概念装置試論」『相模女子大学紀要』(社会系) Vol.72C 31～42頁。
桑田耕太郎・田尾雅夫［1998］『組織論』有斐閣。
田村正紀［2001］『流通原理』千倉書房。
崔　相鐵［2009］「製販統合時代におけるチャネル研究の現状と課題」『流通チャネルの再編』中央経済社。
宮澤健一［1988］『制度と情報の経済学』有斐閣。
山倉健嗣［1993］『組織間関係論』有斐閣。
余田拓郎［2000］『カスタマー・リレーションの戦略論理』白桃書房。

第 2 章
SNS を活用する商業と消費者の関係性
─「ZOZOTOWN」および「WEAR」におけるマーケティングの検討 ─

2.1 はじめに

　ネット通販の進展にはさまざまな要因が考えられるが、そのひとつとして、ソーシャルネットワーキングサービス（以下、SNS）の影響は注目に値するのではないだろうか。たとえば経済産業省［2018］は、消費者向け電子商取引（以下、BtoC-EC）の動向について報告するなかで、オムニチャネルやスマートフォンなどとならべて SNS の重要性を指摘している。それによれば、SNS は検索サイトと同様に商品検索のツールとして浸透してきているという。SNS ユーザーの意見を参考にしながら、「消費者は、商品を提供する企業や EC 事業者から発信される情報のみに頼るのではなく、実際に使用したユーザーから発信される情報も含めて、多面的な情報をミックスし購買行動の判断材料としている（経済産業省［2018］34 頁）」と述べられている。つまり SNS は、実際の商品を手に取って確認できないというネット通販の欠点を補っていることがうかがえる。
　また同報告書は、物販系分野の BtoC-EC を 9 つのカテゴリーに分類し調査しているが（「食品、飲料、酒類」、「生活家電、AV 機器、PC・

周辺機器等」、「書籍、映像・音楽ソフト」、「化粧品、医薬品」、「雑貨、家具、インテリア」、「衣類・服装雑貨等」、「自動車、自動二輪車、パーツ等」、「事務用品、文房具」、「その他」）（経済産業省［2018］38-45 頁）、その中で最も市場規模の大きいカテゴリーが「衣類・服装雑貨等」である。2017 年の市場規模は 1 兆 6,454 億円となっており、対前年比で 7.6% 上昇している。ちなみに本カテゴリーの市場拡大をけん引しているのは女性であるが、中長期的には男性による購入が拡大すると想定され、その分市場拡大の余地が残されているという。このように今後も成長が見込まれるアパレル業界の BtoC-EC で、革新的な取り組みを展開し、業界にインパクトを与えているのが、ファッション通販サイト「ZOZOTOWN」である。

　ZOZOTOWN は、株式会社 ZOZO（株式会社スタートトゥデイは、2018 年 10 月 1 日より株式会社 ZOZO に社名変更をした）が 2004 年に運営を開始したサービスであり、日本最大級のファッション通販サイトであるとうたっている。物流や EC に関わる機能を自前で保持しながら、「ツケ払い」や「ZOZOSUIT（ゾゾスーツ）」（採寸用ボディスーツ）といった新しい取り組みを展開し、売上を伸ばし続けている。この ZOZOTOWN の市場拡大戦略の柱とされているのが、ファッションコーディネートアプリ「WEAR」である。2013 年に開始された WEAR は、コーディネート写真の情報公開に特化した SNS で、ダウンロード数は 1,200 万を超えたと発表されている。つまり株式会社 ZOZO は、SNS を活用して成長してきた現代的なネット通販会社であるといえよう。

　そこで本稿は、WEAR に注目し、ZOZOTOWN のその現代的な特徴について理論的に考察する。分析枠組みとしては石原武政［2006］の研究を取り上げ、「売買集中の原理」や「外部への視線」といった概念を確認する。この研究は主に「まちづくり」を扱っているものの、商業やマーケティングの研究においても重要な視角を提示していると思われる。その議論を踏まえ、ZOZOTOWN および WEAR の革新性を理論的に明らかにしたい。

2.2 商業と消費者

2.2.1「売買集中の原理」の作動と「消費者の直接的反応」

「まちづくり」の問題に取り組む石原の研究は、商業の存立基盤を再確認することからはじまる（石原［2006］12-17 頁）。商業が存在することの正当性を主張する議論には、「取引総数最小化の原理」や「不確実性プールの原理」、「品揃え形成」、「商業資本の社会性」などがある。しかし石原は、これらの議論には基本的な点に相違があるわけではないという。その基本的な点とは、「売買を商人の手許に集中することによって、生産者と消費者が直接取引を行う場合よりもはるかに効率的に両者を結びつけることができるという点（石原［2006］13 頁）」、すなわち「売買集中の原理」を認めていることである。したがって売買集中の原理は、商業の存立を根拠づける最も基礎的な原理であるといえる。そのことに石原も異論はないとしている。

しかし以前から石原は、この売買集中の原理に疑問も呈してきた（石原［2000］103-105 頁）。それによれば、従来における売買集中の原理は、社会の商業を一体とみて考察してきた抽象的なレベルでの議論であるという。個別の産業資本の運動から社会的に自立したものとして、商業資本の性格を明らかにするためには、こうした議論が必要だったのは間違いないであろう。しかしながら、もちろん現実には商業が一体として形成されていることはなく、空間的にも、業種的にも、きわめて多くの商業者が存在しており、大規模商業だけではなく中小規模の商業もある。こうした具体的な商業の存立基盤を解明するには、「多数の売買を集中する」といった意味での売買集中の原理では説明が難しい。つまり石原は、従来における売買集中の原理は、商業をめぐる現実的・具体的な問題を分析できるような枠組みになっていないと指摘したのである。

そこで石原は「商品取扱い技術の限界」や「消費者の購買行動の限界」などを考慮し、商業についてより具体的に議論を展開した。そして売買集中の原理を次のように拡張している。

売買集中の原理とは、たんに多様な商品を集めるといった平板なものではない。それは将来に対する不確実性を含んだ市場において、無数の商品を、消費者の買い物状況に応じてコード化するとともに、消費者の需要開拓に向けて積極的に働きかけ、需給両面における環境変化にすばやく対応して、適切な情報を発信する、この仕組みの総体として捉えられなければならない（石原［2000］148頁）

　従来における売買集中の原理は、多数の売買が商人の手許に集中することを強調した、いわば静態的な議論であったと思われる。一方、石原による売買集中の原理は、より具体的な商業を想定しているため、動態的に捉えられている。商業は商品を集中させているだけではなく、商品を「コード化」し、「需要開拓」や「情報発信」なども行い市場に適応することによってはじめて、生産者と消費者を効率的に結びつけることができるのである。そこで、商業はいかにしてその適応性を確保できるのか、言い換えれば、売買集中の原理はいかにして作動するのかと、議論が展開されていくことになる。
　石原は、売買集中の原理を作動させるのは商業の「内部性」、「外部性」、「能動性」であるという（石原［2006］17-27頁）。「内部性」とは、商業の内側に働く論理のことである。そして「外部性」とは、「商業がその外部に対してもつ関係、あるいは外部と関係をもつことによって生じる事態（石原［2006］17頁）」であり、その典型例は他の商業との「依存と競争」である。こうした概念を踏まえると、商業はその「内部性」を適切に制御しつつ、「外部性」を受け止めて、「能動的」に対応することで、市場への適応性を確保できるということになる。石原は次のように述べている。

個店間の依存と競争を前提として形成される商業集積としての内部性とその適切な制御、それに対する消費者の直接的反応と依存と競争、それらを受け止めて反応する個店の能動性、これらによって商業集積は全体としての動態的な適応力を獲得することになる（石原［2006］27頁）

　ここで着目したいのは、「消費者の直接的反応」である。「依存と競争」すなわち「外部性」を受け止めることによって商業は市場への適応力を獲得する。しかし「依存と競争」をもたない場合でも、商業は市場へ適応することができる。なぜなら「消費者の直接的反応」に対応するからである。したがって「消費者の直接的反応」は特に重要な概念であると思われる。「消費者の直接的反応」について、石原は次のように述べている。

　消費者需要を正確に映し出すというよりも、市場像を通して消費者に受け入れられる提案を行うことができれば、商品はより多く販売できるし、その市場像が消費者から乖離していれば商品は販売できず、商人は商品構成や時には市場像そのものの再検討を迫られることになる。商人の描く市場像は絶えず消費者の行動によってチェックされ、商人はその点検を迫られる（石原［2006］19-20頁）

　ここでの市場像とは、商人がつくりあげる１つの仮説的なイメージのことであり（石原［2000］89頁）、この市場像を基に、商人は品揃え物や店舗のレイアウト、陳列などを行う。これらは消費者の行動すなわち「消費者の直接的反応」によってチェックされる。商業は「消費者の直接的反応」を受け止めて「能動的」に対応し、品揃え物などの「内部性」が点検される。こうして売買集中の原理は作動するとされている。

2.2.2　商業の「外部性」と「外部への視線」

　以上のような動態的な売買集中の原理を踏まえ、石原は「商人」をその理論の中に取り込み、「まちづくり」問題に接近していく（石原［2006］74-113頁）。この議論では商人が大きく2つに分類される。1つは、流通革命を起こすような商人であり、売買を集中させるために「内部性」の豊かさを目指す商人である。このような商人は、店舗の内装や調度品をどのように設計するのか、どのような商品を取り扱い、それをどのように陳列するのか、販売方法や店員の接客をどのように計画するのかなどを重視する。言い換えれば、売買そのものに直接的に関係する側面に関心を集中させる。もう1つは、「まちづくり」などを行う商人であり、売買を集中させるために「外部性」の豊かさを求める商人であると位置づけられる。このような商人は、自らの売買の外にも目を向け、商店街や地域の活動をする。買い物客に「まち」が安全であると思われることを望むのである。

　ここで石原は、商人が自らの売買の外にも目を向けることを「外部への視線」（対外的視線）と呼び強調する。そして「中小小売商の『役割』としてしばしば指摘されてきた非経済的側面、つまり商品の売買とは直接のかかわりをもたない側面は、正にこの商人の外部への視線に根ざしていた（石原［2006］83頁）」という。つまり「外部性」の豊かさを求める商人は、「外部への視線」（対外的視線）を重視するため、結果的に売買そのものには直接的に関係しない多面的な活動をする。しかしそのような活動は、商業の成長という観点では明確な成果を示すことが難しい。それゆえ従来の商業論では、「まちづくり」を行うような中小小売商などは注目されてこなかったと指摘される。

　こうして石原は「外部性」および商人の「外部への視線」（対外的視線）を考慮することによって、「まちづくり」などを行う中小規模の商業における存立根拠を売買集中の原理の中に位置づけた。しかしこれらの概念から明らかになったのは、それだけではない。石原は商業の「規模」にも注目し、「外部性」と「外部への視線」（対外的視線）の関係に

ついて、次のように述べている。

> 店舗規模の拡大、あるいは企業規模の拡大は、必然的に店舗の外部性を大きく変化させずにはおかない。正の外部性が大きければ、それだけ負の外部性も大きくなる。そのことは、対外的視線と対内的視線のバランスを図るのに、小規模店舗以上に慎重な配慮が必要となることを意味しているはずである。しかし、現実にそのような配慮がなされているかどうかは疑問である（石原［2006］113頁）

規模が大きい小売業ほど、「外部への視線」（対外的視線）をもたなければならない。たとえば街並みを考慮したり、環境に配慮することが求められる。しかし現実はそうなっていない可能性がある。そのことが、まちづくり問題や環境問題といった「負の外部性」につながっているかもしれないのである。こうした議論を踏まえると、これからの商業研究においては、商業とその「外部」の関係性を捉え、それらの間に生じうる問題について考察することが重要だと思われる。そこで、こうした議論を踏まえながらZOZOTOWNおよびWEARの特徴について考察していきたい。

2.3 SNSを活用する商業

2.3.1 「ZOZOTOWN」と「WEAR」

ZOZOTOWNは、株式会社ZOZOが運営するファッション通販サイトである。他の大手ファッション通販会社の「ニッセンホールディングス」や「千趣会（ベルメゾン）」と異なり、他社のブランドを公式に取り扱っている[注1]。その数は6,900ブランド以上であり、インターネットを活か

注1　サイト上での運営管理の対価として、株式会社ZOZOは各ブランドから手数料収入（商品売上高×受託手数料率）を得ている。手数料率は非公開である。

して、店舗では実現できない多数の売買を集中させている。業績の伸びも著しく、2017年度の商品取扱高は前期比27.6%増の2,705億円を記録し、年間利用者は700万人以上である。さらに2017年8月に時価総額が1兆円を突破し、百貨店首位の三越伊勢丹ホールディングスに2倍以上の差をつけたことで注目された（三越伊勢丹ホールディングスの時価総額は、約4,600億円）[注2]。また、はじめに述べたとおり経済産業省の調査などでも注目されている。

　株式会社ZOZOは、独自の物流やECサイト作り、「ツケ払い」や「ZOZOSUIT（ゾゾスーツ）」（採寸用ボディースーツ）といったさまざまな興味深い取り組みを展開しているが、本稿が注目したいのは、ファッションコーディネートアプリ「WEAR」である。このサービスは代表取締役前澤友作氏による「ファッションの最大の悩みはコーディネート」であるという考えから実現された（大和［2014］16頁）、コーディネートの情報公開に特化したSNSである。2013年に開始され、ZOZOTOWNの市場拡大戦略の柱とされている。ダウンロード数は1,200万を超えたと発表されており、一般ユーザーだけではなく、ZOZOTOWNに出店しているブランドのスタッフや、俳優、モデル、タレント、デザイナーといった著名人も参加している。

　図表2.1はWEARの投稿画面である。投稿者はコーディネート写真を登録し、コーディネートのポイントなど、メッセージを書くことができるようになっている。またTwitterのようにハッシュタグ（#）をつけることができ、たとえば「#初詣」、「#ハロウィン」、「#ママコーデ」といったハッシュタグ（#）がつくられている。さらに身長、性別、年齢、髪型（ロングヘアー、ミディアムヘアー、ショートヘアーなど）といった投稿者自身の情報も登録できる。こうした情報は、コーディネートの参考にされるだけではなく、ユーザーが参考にしたいコーディネートを検索するときの条件やキーワードとしても活用されることになる。

注2　『週刊東洋経済』（6748）2017.9.23、p.32。

2.3 SNSを活用する商業

図表2.1 「WEAR」投稿画面

出典：ファッションコーディネートアプリ「WEAR」／株式会社
　　　ZOZO テクノロジーズ

　しかし前澤氏へのインタビューによれば、WEAR の開発でとりわけ
重視されたのは、「着用アイテム」の情報公開であることがうかがえ
る。WEAR では、コーディネート写真を登録するだけではなく、その

注3 『日経コンピュータ』(855) 2014.3.6、p.42。

コーディネートに使われているアイテムの情報も登録しなければならない仕組みになっている（着用アイテムすべての情報を登録する必要はない）。着用アイテムの情報を登録するとき、それが ZOZOTOWN で購入したものであれば「持っているアイテム」としてデータが保存されているので、そこから選択をする[注4]。そうすれば、アイテムの画像とともにブランドや価格などの情報が自動的に登録されるようになっている。ZOZOTOWN で購入していないアイテムについては、WEAR のデータベースから検索し（カテゴリ、ブランド、カラーなどを選択する）、登録する。このデータベースには、ZOZOTOWN で購入できない「ユニクロ」などのアイテムも含まれている点が興味深い。またデータベースにないアイテムについては情報を直接入力できるようになっており、「no brand」や「Handmade」と入力している投稿者も少なくない。こうして投稿者は、着用アイテムの情報を比較的容易に公開できるようになっている。

　一方、閲覧者は、投稿者のコーディネート写真に使われているアイテムが、どこのブランドの商品で価格はいくらなのか、明確に分かるようになっている。さらにアイテム情報をクリックすれば、ZOZOTOWN やブランドの EC サイトにつながるので、アイテムの詳細を確認しそのまま購入をすることもできる。こうした仕組みは、他の SNS にはない WEAR 独自の特徴であろう。

2.3.2　売買集中の原理からみる「WEAR」

　以上のような WEAR の投稿は、先に述べた売買集中の原理を踏まえれば、「消費者の直接的反応」であるといえよう。消費者の投稿を受け止めて、ZOZOTOWN および ZOZOTOWN の出店ブランドは「内部性」を点検し、より良い「コード化」や「需要開拓」、「情報発信」などを模索していると考えられる。しかしここで着目したいのは、商業である

注4　ZOZOTOWN と WEAR の ID を連携すると、ZOZOTOWN で購入したアイテムは、WEAR の「持っているアイテム」として保存される。

ZOZOTOWN ではなく、ファッションコーディネートアプリの WEAR でも、すでに売買（情報）が集中しているようにみえることである。WEAR には、消費者と、消費者が公開する着用アイテムの情報すなわち「商品情報」が集まっている。そして消費者が投稿をすることによって、商業が担うとされる「コード化」や「需要開拓」、「情報発信」のような役割が果たされ、消費者と商品情報が結びついているのではないだろうか。

まず石原のいう「コード化」とは、消費者が効率的に目的物を発見できるように、分類することである（大阪市立大学商学部編［2002］90-94 頁）。インターネットでは、膨大なアイテムが取り揃えられているにもかかわらず、色や価格といったコードを利用し、効率的に目的物を検索できる。これはネット販売の大きな強みであり、ZOZOTOWN にも活かされている。一方 WEAR では、たとえば「ネクタイ　黄色」と入力して検索すると、黄色のネクタイを使った投稿が表示され、コーディネートの参考にすることができる。また「初詣」「ハロウィン」のようなキーワードで検索もできる[注5]。こうした検索ができるのは、投稿者が着用アイテムの情報を登録したり、新しいハッシュタグ（#）をつくったり、コーディネートにさまざまな情報を登録しているからである。つまり消費者は投稿をするときに自然と「コード化」をしていると考えられる。

さらに WEAR では、身長や髪型など、投稿者自身の情報で検索ができる。この機能を利用し、自分と類似した投稿者のコーディネートを閲覧すれば、いくつもの店舗で試着をしなくても買い物がしやすくなる。ユーザーの声によれば、「自分が小柄なので、WEAR に投稿される身長が同じくらいの一般女性の画像を見て、着用したときのイメージをつかんでいる[注6]」という。一方 ZOZOTOWN の出店ブランドからは、「『WEAR』

注5　前澤氏はこうした方法でコーディネートを検索できる点が、WEAR の大きな特徴だと捉えている（『プレジデント』52（8）2014.3.17、pp.121-122）。

注6　『週刊東洋経済』（6748）2017.9.23、p.54。

が使えることで来店促進に結び付いている。その場でコーディネートのサンプルが見られることで購買意欲の喚起にも寄与している（大和［2014］16頁）」などの声がある。こうした意見から、消費者の投稿は店舗やショーウィンドー、販売員のような役割を果たし、「需要開拓」を行っていると考えられる[注7]。

　需要開拓において、株式会社ZOZOは以前から、コーディネートの情報を重視してきた。WEARが開発される以前から現在に至るまで、ZOZOTOWNのトップページにはコーディネート例がアップされている。しかしこれは、出店しているブランドのスタッフに限定したものである（大和［2014］16頁）。一方WEARでは、主に消費者がコーディネートを公開している。それゆえ先に述べたとおり、ZOZOTOWNで購入できない商品や、ハンドメイド品の情報なども積極的に発信されている。また株式会社ZOZOの取締役が「安い服を買って、高級ブランドのバッグを持つ人は普通にいる」というように[注8]、WEARの投稿者は、「ユニクロ」のジーンズに「シャネル」のバッグをコーディネートしたりもする。さらにブランドがフォーマルなアイテムとして提案しているシャツを、カジュアルに着崩したりもする。こうした消費者による自由な「情報発信」が、WEARの魅力になっていると考えられる[注9]。実際、前澤社長はWEARで「参考になるコーディネートは、プロのモデルやスタイリスト、ショップスタッフなどが投稿したものではなく、等身大の一般ユーザーが投稿したものだという意見が多い」と述べている[注10]。

　以上のようにWEARでは、消費者が主体となって「コード化」や「需

注7　近年ファッション産業は、フッションブロガーを企業のコミュニケーション戦略として取り入れている（Bendoni［2017］p.32）。WEARの投稿者にも同様の機能があると考えられる。

注8　『週刊東洋経済』（6748）2017.9.23、p.62。

注9　消費文化理論（Consumer Culture Theory=CCT）においては、消費者は階級、ジェンダー、民族などの社会構造によって固定されず、そこからの逸脱や内部での微妙な差異に着目すると考えられている［吉村2017］。

注10　『日経コンピュータ』（855）2014.3.6、p.42。

要開拓」、「情報発信」が行われていると捉えられよう。商業は、自らの売買に関心をもたなければならない。一方、消費者は、売買に関心をもたずに投稿をしている。つまり消費者の投稿は、商業とは異なる立場にある消費者視点の情報である。その多様な情報が集中しているからこそ、WEAR では、よりパーソナルな観点からコーディネートを検索したり[注11]、より多数の商品を容易に比較することができる。いつでもどこでも、自由なコーディネートを楽しむこともできる。それゆえ消費者は、WEAR を利用し、消費者が公開する商品情報に結びついていくのではないだろうか。

　しかしここで重要だと思われるのは、WEAR における消費者と商品情報の結びつきは、必ずしも ZOZOTOWN の売上につながるとは限らないことである。たとえば、先に述べたとおり、WEAR は店舗への来店を促進しているという意見がある。WEAR を閲覧し、ZOZOTOWN ではなく直接店舗で購入する消費者はもちろん存在する。また消費者には、ブランドの自社 EC で購入するという選択肢もある。ブランド店にとっては、自社 EC の方が利益率が高いということもあり、自社 EC を強化する動きもみられる[注12]。さらに WEAR には、ZOZOTOWN で購入できない商品の情報さえ公開されており、そのような情報については売上につながりようがない。そもそも WEAR はコーディネートアプリであるから、コーディネートの参考に閲覧はするが、買い物時には利用しないユーザーもいるであろう。

　WEAR は、商業と異なる立場にある消費者視点を活かし、消費者と商品情報を結びつけていると考えられる。しかし消費者の視点が活かされているからこそ、ZOZOTOWN としてみれば、他社の売上を促進する面もある。この両刃の剣のようなサービスを活用している

注11　商業も顧客がよりパーソナルな観点で買い物ができるよう努めている。Coskun Samli［2015］は、情報技術で集められる個々の消費者についての「スモールデータ」によって、小売商は買い物をパーソナライズできると述べている。

注12　『週刊東洋経済』(6748) 2017.9.23、p.56-58。

のが、ZOZOTOWN の成長要因の 1 つといえるのではないだろうか。2012 年に前澤氏は「百貨店やショッピングモールは、かたくなに自分たちでお客さんを囲おうとする」[注13]と指摘している。一方 WEAR は、ZOZOTOWN とリンクはされているが、消費者の購買方法を規制しようとはしない。アパレル業界全体の発展に目を向け、言い換えれば、「外部性」の豊かさを求めている。したがって ZOZOTOWN の売り上げにはつながらない「外部」の消費者にも目を向け、サービスを提供しているのではないだろうか。

2.3.3　企業の視点と消費者の視点

　以上では、WEAR が消費者の発信する情報によって成り立っていることを強調してきた。しかしその発展には、もちろん運営会社である株式会社 ZOZO や、ZOZOTOWN に出店するブランドの取り組みも関わっている。たとえば ZOZO グループの企業である株式会社 ZOZO テクノロジーズは、おしゃれで影響力がある WEAR ユーザーを「WEARISTA（ウェアリスタ）」として認定している。最初はモデルやタレントが中心であったが、2014 年から一般ユーザーも認定されるようになり、2018 年現在は著名人と一般ユーザーを合わせて約 600 人が認定されている。WEARISTA に認定されたユーザーは、ZOZOTOWN での買い物時に利用できる ZOZO ポイントが提供される制度に参加でき、投稿のサポートも受けられる。さらに WEARISTA に認定されたことをきっかけに、ブランドの商品企画、イベント、オンラインページのモデルとして活動の場を広げているユーザーも多い。また ZOZOTOWN に出店しているブランドは、WEAR を活用して「ブランド公認ユーザー」を募集するタイアップを過去に行っている。adidas や GAP、Samantha Thavasa など、募集ブランドは少なくない。応募者は期間中募集ブランドのアイテムを着て、各ブランド指定のハッシュタグ（#）をつけ、WEAR に投稿する。公認されたユーザーは、WEAR アカウントに公認バッジが表示され、

注 13　『週刊東洋経済』(6374) 2012.2.11, p.83.

ブランドによる公式のSNSでの紹介や、募集ブランドのZOZOTOWNショップで利用できるZOZOポイントも提供される。

　こうした企画によって投稿は増え、WEARにはさらに多くの情報が集中すると予想される。情報が多いほど消費者の利便性も高まるであろう。しかしここで見過ごしてはいけないと思うのは、株式会社ZOZOテクノロジーズやブランドが、消費者のコーディネートに対し、評価を与えていることである。つまり消費者のコーディネートには、企業の価値観も反映されている部分があるということである。ブランド企業が提示するコーディネートには、当然のことながら自社の商品しか使われていない。それに比べれば、WEARにおける消費者のコーディネートは多様であり、「無印良品」や「ラルフ・ローレン」といったブランド企業が提示するような統一感などはない。しかしながらWEARは、WEARISTAの認定などを行い、企業視点の情報を日々発信し、消費者のコーディネートに影響を与えていると考えられる。

　たとえばWEARは、毎日のようにテーマをつくり、それに合った投稿をいくつかピックアップしてまとめている。ピックアップされた投稿は消費者によるコーディネートであるが、テーマをつくっているのは企業である。「春に挑戦したいラベンダーカラー」というテーマをつくり、新しく買うべき服を提示したり、「メガネが叶える手軽なイメチェン」というテーマをつくり、イメージチェンジという名の買い替えを促していると考えられる。また、「THE　SHINZONEのベイカーパンツ」というテーマをつくり、特定のブランドをプッシュしている場合もある。こうした企業視点がWEARにある限り、WEARに集まる消費者視点の情報にも限界があるのではないだろうか。

　そもそもWEARには、ZOZOTOWNで買えない「ユニクロ」の愛好者とその商品情報は集まるものの、ファッションに関心のない消費者とその消費者がもつ情報は集まらない。またSNSに批判的な消費者はWEARを利用しないであろうから、そうした消費者がもつ情報も集まらない。その意味で、SNSを活用する商業には限界があるといえよう。

しかしながら、石原の議論を振り返れば、SNSを活用し大規模化する商業にとっては、SNSを利用しない消費者こそが、視線を向けなければならない「外部」ということになるのではないだろうか。自らの売買の外に目を向けること、その意味は、「企業の論理に対抗する消費者」にまで目を向けることではないだろうか。

2.4 おわりに

　SNSには、多様な消費者と多様な商品情報をより効率的に結びつける可能性があると思われる。しかしそこに企業が関与する限り、集まる消費者と情報には限界があると考えられる。企業が関与できるSNSに対し、消費者団体が発行するいわゆる「商品比較テスト誌」は、企業が直接的には関与しない消費者情報サービスである。イギリスの『フィッチ？（Which?）』は、商品だけではなく、小売店の比較を毎年行っており、品揃えやレジの待ち時間など、さまざまな項目についてテストしている。

　商品比較テスト誌は、欧米ではそれなりの発行部数があるが（図表2.2）、日本ではあまり注目されていない。日本の商品比較テスト誌では『暮しの手帖』がよく知られているが、これは「暮しの手帖社」が発行したもので、2003年以降、商品比較テストの掲載はほぼ皆無である。「財団法人　日本消費者協会」が発行していた『月間消費者』は2011年を最後に休刊しており、「独立行政法人　国民生活センター」の『たしかな目（『月刊国民生活』に統合）』は主に危害情報に基づくもので、各社の商品比較テストは行っていない。そもそも日本には商品比較テストを実施する各国の団体が加盟するInternational Consumer Research & Testing (ICRT) の正会員である発行団体がない状況である（中野 [2013] 59-67頁）。

　しかし企業が成長し、その「正の外部性」も「負の外部性」も高めていくなかで、企業および行政から独立した消費者団体は、重要な役割を果たすと思われる。企業が一切関与できない消費者情報サービスは、

SNS以上に、企業とは相容れない情報を広めるかもしれない。たとえば、WEARが注目するファッションの方向性に疑問を投げかけたり、「服の過剰な買い替えを促している」と批判することもできよう。そして、消費者情報サービスの影響力が高まれば、それは「消費者の直接的反応」となり、商業が「内部性」を点検するきっかけになると考えられる。その一方、WEARが従来とは異なるファッションの楽しみ方を提供しているように、消費者情報サービスも新しい消費生活をもたらすかもしれない。こうした点に着目しながら、「企業の論理に対抗する消費者」の重要性を理論的にどう位置づけるかが、商業論さらにはマーケティング論における今後の課題ではないだろうか。

図表2.2　諸外国の主要商品比較テスト誌

国名	発行団体	雑誌名	創刊年	発行部数 定期読者数
ドイツ	商品テスト財団	テスト（test）	1966年	月595万部（うち定期購買47.7万部）（2005年）
		ファイナンツ・テスト（FINANZ test）	1991年	月28.1万部（うち定期購買21.8万部）（2005年）
	（有）エコ・テスト出版	エコ・テスト（ÖKO – TEST）	1985年	月20万部（2005年10月～12月号）
フランス	国立消費研究所（INC）	6000万人の消費者（60 Milloms de Consommateurs）	1970年	月20万部(2004年)
	フランス消費者同盟（UFC）	何を選ぶか（QUE CHOISIR）	1970年	月35万部(2004年)
イギリス	Which？（旧英国消費者協会）	フィッチ？（Which？）	1957年	定期購読者64万人（2005年）
アメリカ	消費者同盟（CU）	コンシューマ・リポーツ（Consumer Reports）	1936年	定期購読者（書店販売含む）約430万人（2006年）
オーストラリア	オーストラリア消費者協会	チョイス（CHOICE）	1959年	定期購読者約11万人(2006年)

出典：岸［2007］234頁

[付記] 本章は以下の論文を加筆・修正したものである。
井口詩織［2018］「SNS を活用する商業と消費者の関係性—『ZOZOTOWN』および『WEAR』のマーケティングにおける課題—」『流通』№. 42、pp.15-27。

参考文献・資料

Alderson, W. [1957] *Marketing Behavior and Executive Action*, Richard D. Irwin. (石原武政ほか訳『マーケティング行動と経営者行為―マーケティング理論への機能主義的接近』千倉書房、1984年。)

Bendoni, Wendy K. [2017] *Social Media for Fashion Marketing: Storytelling in a Digital World,* Bloomsbury.

Canniford, R.&Bajde, D. [2016] *Assembling Consumption: Researching actors, networks and market,* Routledge.

Coskun Samli, A. [2015] *Coping with Retail Giants: Gaining an Edge Over Discounters,* Palgrave Macmillan.

Hall, M. [1947] *Distributive Trading: An Economic Analysis,* Hutchinson's University Press. (片岡一郎訳『商業の経済理論―商業の経済学的分析』東洋経済新報社、1957年)

Jin, B. & Cedrola, E. [2016] *Fashion Brand Internationalization: Opportunities and Challenges,* Palgrave Pivot.

McCracken, G. [1988] *Culture and Consumption,* Indiana University Press. (小池和子訳『文化と消費とシンボルと』勁草書房、1990年)

阿部真也[2016]「インターネットの始まりとネットスピリット」阿部真也・江上哲・吉村純一・大野哲明編著『インターネットは流通と社会をどう変えたか』中央経済社,pp.1-15。

石井淳蔵[1999]『ブランド　価値の創造』岩波新書。-

石原武政[2000]『商業組織の内部編成』千倉書房。

石原武政[2006]『小売業の外部性とまちづくり』有斐閣。

江上哲[2013]『ブランド戦略から学ぶマーケティング―消費者の視点から企業戦略を知る―』ミネルヴァ書房。

大阪市立大学商学部編[2002]『ビジネス・エッセンシャルズ⑤流通』有斐閣。

岸葉子[2007]「商品テスト誌の日独比較と今後の課題」『千葉大学　公共研究』第3巻第4号,pp.221-250。

栗木契[2003]『リフレクティブ・フロー―マーケティング・コミュニケーション理論の新しい可能性―』白桃書房。

田村正紀[2001]『流通原理』千倉書房。

中西大輔[2013]「快楽的ブランド消費の解読」吉村純一・竹濱朝美編著『流通動態と消費者の時代』白桃書房,pp.71-92。

中野則行[2013]「なぜ日本では商品テスト誌が衰退したか―国際比較の視点から―」

『ACAP研究所ジャーナル』No.6,pp.59-67。

森下二次也［1960］『現代商業経済論』有斐閣。

大和賢治［2013］「ファッション通販戦国時代! トップランナーのスタートトゥデイはどう勝ち抜くのか」『経済界』48(9),pp.52-53。

大和賢治［2014］「Special Interview 新サービス『WEAR』は、ブランドさまとの共存共栄を可能にするビジネスモデルです 前澤友作 スタートトゥデイ社長」『経済界』49(3),pp.14-17。

吉村純一［2017］「消費文化理論と流通機構の解明」木立真直・佐久間英俊・吉村純一編著『流通経済の動態と理論展開』同文舘出版,pp.68-87。

『週刊東洋経済』(6374) 2012.2.11,p.83(「Interview スタートトゥデイ代表取締役 前澤友作(特集 流通サバイバル)」)。

『週刊東洋経済』(6715) 2017.3.18,pp39-40 (「スタートトゥデイ 衣料不況も関係なし ゾゾタウンの快進撃」)。

『週刊東洋経済』(6748) 2017.9.23,pp.28-67 (「特集 メルカリ&ZOZOTOWN:流通新大陸の覇者」)。

『日経コンピュータ』(855) 2014.3.6,pp.40-43 (「インタビュー前澤友作氏:スタートトゥデイ 代表取締役 ITも物流も自前貫く 人材は先見のセンスを重視」)。

『プレジデント』52 (8) 2014.3.17,pp.118-122 (「新しい日本の力(19) 田原総一朗×スタートトゥデイ社長 前澤友作『競争嫌い』で年商1000億円」)。

経済産業省 商務情報政策局 情報経済課［2018］「平成29年度 我が国におけるデータ駆動型社会に係る基盤整備(電子商取引に関する市場調査)」,http://www.meti.go.jp/press/2018/04/20180425001/20180425001-2.pdf(2018年12月にアクセス)。

株式会社ZOZOウェブサイト, https://corp.zozo.com/ (2018年12月にアクセス)。

ファッションコーディネートアプリ「WEAR」ウェブサイト, https://wear.jp/ (2018年12月にアクセス)。

第3章
消費者情報システムと消費者学習

3.1　ネット社会がもたらす「暗い面」

　ネット社会において、われわれの消費生活はどう変わったのか。この問題に関する著作は巷にあふれている。そして、その多くが、ネット社会がもたらす「明るい面」を論じている。
　例えば、ネット社会において消費者は、店舗にまで出かけることなく、営業時間を気にすることもなく、商品を探索して注文し、配達してもらうことが可能になった。複数の商品を買い揃えるにあたっても、数ページのウェブサイトにアクセスするだけでよく、店舗間を買い回る労力や時間を大きく節約することが可能になった。また、商品についての意見や経験などを企業や他の消費者に簡単に伝えることができるようになり、企業の商品開発に、より大きな影響を与えることが可能になった。さらには、買い物場所が近隣にない消費者や、高齢者などの買い物が困難な消費者、子育て世代で買い物に自由に出かけることができない消費者といったいわゆる買い物弱者の問題を解消する可能性も論じられるようになった。
　だが、ネット社会がわれわれの消費生活にもたらすのは、そうした「明るい面」だけだろうか。そこに「暗い面」はないのだろうか。

巷にあふれているインターネットと流通・マーケティングの関係を論じた著作の多くが、「いかに利潤をあげるか」の解明を目的とし、その手法を展開しているに過ぎないとする江上哲は、「その種の著作〔に〕はそもそもの『利潤』や『経済社会』への本源的な『問い』……さらにいえば資本主義経済体制そのものへの問題意識はなく、今の経済システムを当たり前のごとく不問にしたままに書かれている」と指摘する（江上［2016a］i 頁）。そして、「それらの『社会科学』としての意識のない流通に関する研究や出版は、近年において大きな問題となっている『下流化社会』や『格差社会』の進展などを結局は看過している」と批判している（江上［2016a］i 頁）。やはり、「社会科学の研究者にとって重要なのは、日常的にはよく見えない『暗い面』を分析し明らかにすること」なのである（江上［2016a］i 頁）。

では、ネット社会がわれわれの消費生活にもたらす「暗い面」とはどのような面であろうか。「暗い面」により、われわれの消費生活はどう変わったのだろうか。そして、「暗い面」の克服はいかにして可能なのだろうか。本章の目的は、江上の問題意識とその先駆的な議論に導かれながら、ネット社会の「暗い面」を考察し、次なるネット社会の可能性、とりわけ、そこでの消費生活の内実を明らかにすることである。

3.2 関係性パラダイム

3.2.1 マーケティング・パラダイムの進展

ネット社会がわれわれの消費生活にもたらす「明るい面」を論じた代表的な議論に、関係性パラダイムと総称される一連の議論がある。消費生活とそれに最も影響を与えるマーケティングとの関係を論じた議論である。日本におけるその代表的な論者である嶋口充輝は、1990年代中頃において既に、「現代マーケティングの動きを観察してみると、まさに関係性マーケティングが今日の中心的パラダイムである」（嶋口［1997］105-106 頁）と述べ、そのような消費者との「関係性強化の

要請を可能ならしめた最大の要因は、コンピュータを中心とする情報処理技術の発達である」(嶋口［1997］112頁) と論じている。

それによれば、これまでのマーケティング・パラダイムは主として3つの大きな流れとして把握することができる (図表3.1)。

図表3.1　3つのマーケティング・パラダイム

マーケティング・パラダイム	エナクトメント (enactment)	フィットネス (fitness)	インタラクション (interaction)
取引形態	単一 一方向 (刺激・反応型)	断続 双方向 (交換型)	継続 一体・融合 (関係型)
マーケティング思想	自己中心 (ethno-centric)	他者中心 (poli-centric)	自他中心 (geo-centric)
対顧客観	反応者	価値保有者	パートナー（友人）
市場価値(ニーズ)発見の前提	価値発見不要	価値発見可能	価値発見困難
マーケティング方法&手段	購買動機調査 →説得 (プロモーション管理)	価値探索・発見 →価値創造 (4P管理)	価値探索・構築 →共創価値 (関係性管理)

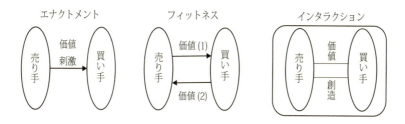

出典: 嶋口［1997］156頁。

その第1は、エナクトメント・パラダイムである。この取引様式は、企業が自らの信ずる価値提供物を消費者に一方的に推奨・説得していく方法であり、消費者が企業に比べて不十分な情報しか持たない場合に有効なパラダイムである。しかし、消費者が情報を持つようになり、企業の信ずる価値物が消費者にとっても十分価値のあるものであるかどうか

が厳しく見極められるようになってくると、継続的な取引のための認識枠組みとしてリアリティを失い、これに取って代わる新しいパラダイムが登場することになる。

　それが、第2のフィットネス・パラダイムである。この取引様式は、企業が消費者の価値を調査や分析によって探索・発見し、明らかにされた価値をマーケット・インという形で事業コンセプトに置き換え、それをマーケティング・ミックスとして価値の政策セットに仕立ててプロダクト・アウトしていくというプロセスをとる。このパラダイムの下では、消費者の価値確認から出発して消費者の価値実現で終わるという消費者中心の適合プロセスが踏まれるから、企業にとって取引の継続性が期待されることになる。しかし、より豊かな時代になってくると、消費者が求める価値を企業が捉えることは難しくなり、このパラダイムもまた新しいパラダイムに取って代わられることになる。

　こうして誕生したのが、第3のインタラクション・パラダイムである。このパラダイムの下では、価値を提供しようとする企業とより豊かになった消費者とが、「一過性の取引者としてより、長期的な取り組み者同士として一体化し、強い信頼関係で結ばれながらパートナーとして新しい価値を継続的に共創していこうとする」(嶋口 [1997] 158頁)。嶋口によれば、「インタラクションを低コストで円滑に行い得る近年の情報インフラストラクチャの発達によって、公正な信頼関係のもとでの共創価値づくりは、現代の取引の基本認識としてもっとも妥当性の高いパラダイムになりつつある」(嶋口 [1997] 158-159頁)。

　このような議論において明らかに想定されているのは、マーケティング・パラダイムが進展するにつれて消費生活の明るさが増すということである。情報処理技術の発達を基軸に、企業中心の段階から消費者中心の段階を経て、企業と消費者との価値共創の段階に至ることが論じられている。

3.2.2　インタラクティブ・マーケティング

　こうしたインタラクション・パラダイムの下でのマーケティングを、嶋口はインタラクティブ・マーケティングと呼び、その性格について考察している。そして、そのパラダイムの下では、企業と消費者が平等なパートナーと見なされ、それゆえ、企業サイドからのマーケティングのみならず消費者サイドからのマーケティングも行われていて、「まさに2つの主体からのマーケティングのぶつかり合いが新しい偶発的価値という問題解決をつくり出していく」と論じている（嶋口［1997］159頁）。

　企業サイドからのマーケティングとは、先のフィットネス・パラダイムに基づくマーケティングである。そこではまず、企業が市場調査を通じて消費者の潜在的なニーズを探索・検討し、そのニーズをマーケット・インとして自らの側に引き込み、それをベースに自社の経営資源などと調整しながら仮説的なコンセプトを設定して、その仮説的なコンセプトを中心にマーケティング・ミックス政策を策定する。そして、その政策をプロダクト・アウトの形で消費者に向けて投げかけ、実行していく。

　一方、消費者サイドからのマーケティングとは、コトラー（Kotler, P.）とレヴィ（Levy, S. J.）が主張した「購買もまたマーケティングである」という考え方に基づいている（Kotler & Levy［1973］）。そこでは、消費者が複数の企業の技術や政策や思想を調査・探索・検討しながら購買する商品を絞り込み、その候補案を自らの思いや目的などと調整して最終的なニーズの内容と水準を明示化し、それを企業に向けてマーケット・アウトという形で投げかける。そして、このマーケット・アウトに対する企業側の反応を見極めながら最適な商品をプロダクト・インという形で購入する。

　これら2つのマーケティングが「交錯・交流し、その相互作用によって新しい双方満足の問題解決をつくっていく」のがインタラクティブ・マーケティングである（嶋口［1997］167頁）。「インタラクティブ・マーケティングでは、顧客を新しい価値創造や問題解決のパートナーとして捉え、顧客との相互交流作用によって双方の発展をはかっていく」ので

ある（嶋口［1997］168頁）。

　以上が、関係性パラダイムと総称される議論の骨子である。インタラクティブ・マーケティングの他にも、ワン・トゥ・ワン・マーケティングやマキシマーケティング、コミュニ・マーケティングや協働型マーケティングなど、名称と強調の置き方に違いはあるものの、発達する情報処理技術を基軸に企業と消費者が価値を共創し、消費生活がより豊かになっていくという議論が多数展開されている（Peppers & Rogers［1993］、Rapp & Collins［1996］、和田［1998］、上原［1999］）。また、単純なマーケット・インが行き詰まりを示し始める中、実務的には一応納得的であるということもあり、関係性パラダイムは今日のマーケティング研究において支配的なパラダイムの地位を占めているということができる。

3.3　関係性パラダイム批判

3.3.1　情報の非対称性

　こうした関係性パラダイムに対し、「社会的かつマクロ的な問題がある」として批判を展開しているのが江上である（江上［2003］254頁）。江上はまず、嶋口の次の言説を取り上げる。

> 「関係性をベースとしたインタラクションの展開は、家電小売店の営業マンからその家族が家電品購買をする場合を考えてみるとわかりやすい。父親か母親が大型カラーテレビを買うとするなら、まず、息子の属する小売店のものを買おうとするだろう。息子は、親の立場に立ち、会社にとって利益の厚いモデルを売ろうとは考えず、家族にとって一番良いものを選ぶ。このとき、息子は売り手でありながら買い手の立場でベストを選び、親は買い手でありながら売り手の立場で買う。とすれば、一般の取引でも売り手と買い手の間に家族同然の信頼関係がつくり上げられれ

ば、双方満足の一体化と共創価値が実現することになる」（嶋口［1996］176頁）。

　この言説において江上が注目するのは、家電小売店に勤務する息子の存在である。なぜなら、「この息子こそ……商業による客観的な商品の『比較評価』機能を果たしている」からである（江上［2003］256頁）。
　家電小売店に勤務しているからこそ、この息子はテレビに関する専門的で客観的な商品情報や商品知識を持っている。そして、そうした息子がいるからこそ、この家族は自分たちにとって一番良いテレビを選択することができる。逆に言えば、つまり、客観的な比較評価を行うことのできるメンバーがいなければ、その家族は会社にとって利益の厚いモデルを売りつけられるかもしれない。要するに、専門的で客観的な商品情報や商品知識を持ち、客観的な比較評価を行うことのできる消費者でなければ、企業との間で双方満足の一体化と共創価値を実現することは困難なのである。
　佐久間英俊が指摘するように、インターネットの利用によって企業と消費者との間に存在してきた情報格差が縮小したといっても、製品の素材や製法、コストといった企業が極秘として秘匿している情報にまで消費者がアクセスできるようになったわけではなく、「企業と消費者との間には依然として情報格差が存在する」（佐久間［2005］71頁）。その中で、いったいどれほどの消費者が専門的で客観的な商品情報や商品知識を持ち、企業との間で共創価値を実現して、より豊かな消費生活を享受することができるのだろうか。製品に関する情報は消費者より企業が多く持つという情報の非対称性の問題が厳然として存在するのであり、企業と消費者とが平等なパートナーとして価値を共創していくことは難しいのである。以上が関係性パラダイム批判の骨子である。

3.3.2 日本における消費者問題

　関係性パラダイム批判は、「日本の消費者特有の問題」からも展開されている（江上［2003］256頁）。先進各国の消費者団体が発行する公共的な商品テスト誌の発行部数などを比較すると、日本の消費者だけが客観的で中立的な商品情報をそれほど利用していないことが分かる。関係性パラダイムの展開によってより豊かな消費生活を享受するためには、消費者が専門的で客観的な商品情報や商品知識を持たなければならないが、日本の消費者だけが、そうした情報を積極的に求めようとはしていないのである。

　では、なぜ日本の消費者だけなのだろうか。その理由を、江上は、「企業と消費者が共創価値を実現したり価値創造へ行き着くまでに立ちはだかる社会的かつ制度的な日本特有の難題」に求めている（江上［2003］257-258頁）。具体的には、木本喜美子が言う日本人の三大生涯的生活課題、すなわち、持ち家、子供の教育、老後への備えの問題である（木本［1995］）。これらの課題を解決しようとすれば、安定した収入はもちろん、住宅資金積立制度や貸付制度といった企業内の福利厚生制度に支えられなければならず、そのためには、終身雇用、年功序列、企業内組合という日本的経営の三大特徴をそのままに忠実に守る勤労者でありねばならない。このことを踏まえて江上は、典型的な日本型消費者を、「日本的経営の論理と精神を、仕事だけでなく消費生活においても疑いなく基盤としている人々」、さらに端的には、「会社人間の消費生活〔者〕」と規定し、「そこにはなによりも会社第一主義つまり会社がまさに父権的に生活のなかに浸透している」と指摘する（江上［2003］263頁）。そして、そのことを、「消費生活におけ〔る〕父権的統制」と呼ぶ（江上［2003］263頁）。

　関係性パラダイムにおいて想定されていたのは、専門的で客観的な商品情報や商品知識を持ち、客観的な比較評価を行うことのできる消費者である。それは、確固たる「自立性」を確立しており、「主体性」を発

揮することのできる消費者である。だが、現実の日本の消費者は、企業に父権的に統制されている。他の先進各国に比べ、公共的な商品テスト誌が利用されない理由もここにある。

　関係性パラダイムは自立的で主体的な消費者観に基づいて展開されており、その限り、その論理は規範論次元にとどまっていると考えられる。したがって、佐久間が指摘するように、企業と消費者との「協働」、「協創」といった「活動は、両者が協力して何かを生み出したり、創り出したりしているというよりも、企業の裁量の範囲内で消費者が企業の行うビジネス活動に協力させられている、つまり企業側が消費者の能力を活用しているとみた方がリアル」であると思われる（佐久間［2005］73頁）。そして、そうであれば、関係性パラダイムと総称される一連の議論は、ネット社会がわれわれの消費生活にもたらす「暗い面」を論じた議論に転化することになると考えられる。

3.4　消費者情報システム

3.4.1　関係性パラダイムにおける消費者

　関係性パラダイムにおいて、あるいはそれが全面的に展開されるネット社会において、消費者は企業と二者一対的に結びつく。だが、そこでの消費者は、確固たる自立性を確立しているわけでもなければ、主体性を発揮できるわけでもない。「そのような特徴をもつ消費者がより直接的に企業と結びつくことは、やはり危惧の念を抱かざるを得ない」（江上［2003］257頁）。

　リアル店舗での購買であれば、消費者は、商業資本の「売買集中」による「比較評価情報」によって、メーカーとの間の情報格差の縮小を期待することもできる。つまり、多数のメーカーの商品を取り扱っているリアル店舗に行けば、消費者は店員から、各商品の特徴や、それに対する他の消費者の評価などを聞き、それを参考に購買意思決定を行うことができる。しかし、ネット通販の場合、そのような商業資本の社会的機

能を享受することができない。それゆえ、危惧の念が抱かれるのであり、「ネット社会においては、商品を『比較評価』し、その情報を消費者に提供するシステムを自立的に担う主体が出現する可能性……を探ること」が求められる（江上［2003］259頁）。

　自立的な消費者情報システムの方向性を考えるにあたってまず注目したいのは、グーグルやヤフーといったポータルサイトである。江上も言うように、「ポータル（玄関）サイトには、サービスや商品に関する情報が多く集められている。いわばそのサイトも消費者情報を縮約していると、いえなくもない。したがって、商業資本のもっていた情報的機能が歴史的かつ技術的に変化し、商品の『比較評価』という情報的機能を……担うことも考えられる」（江上［2003］259頁）。しかしながら、江上は、そう述べたすぐ後で、「ポータルサイトが、そのような機能を自立的に果たしているとはいえない」と指摘する（江上［2003］259頁）。

　その理由を明らかにするために、関係性パラダイムにおいて想定されている消費者についてもう少し検討したい。そのために注目したいのは、「協働型マーケティング」を提唱した上原征彦の議論である（上原［1999］）。上原によれば、消費者の生活意識は、産業化社会が終焉に向かうにつれ、勤労主義から生活主義に変わっていく。ここでいう勤労主義とは、生活を楽しむことよりも意義深い労働に努力を費やすことを美徳とする思想を指す。この思想は、働く場を提供する産業の発達そのものが高度な生活資源を安く提供し、そのことが楽しい生活を支えるということを含意している。それゆえ、消費者が自らの生活そのものの中から豊かさをつくり出すというよりも企業がオファーする商品の中から生活の豊かさを発見していくという傾向が強くなる。そのような状況の下で消費の個性化や多様化が進んだとしても、それは企業に依存しており、企業にとって予測可能な動きである。

　ここで上原は、「このような見方は、ポスト・モダン学派が、モダン社会を批判的にみる見方と相通じている」とする（上原［1999］18頁）。「ハーバーマス（Habermas, J.）は、社会は、客観的な成果を志向する『シ

ステム』と主観的な意味を志向する『生活世界』とで構成されているが、モダン社会は『システム』と『生活世界』を分離させ、前者が後者をコントロールしてきた、ということを強調している」（上原［1999］18頁）とし、「ここで、われわれのいう企業が『システム』に、生活者が『生活世界』にアナロジー化されるであろう」（上原［1999］19頁）としている。

　一方、「生活主義とは、消費者が、企業のオファーからヒントを得て生活を展開するだけではなく、自己の生活に主体的に問いかけ、それを独自に編成し直す、といった意味で、生活の自己組織性を強めていく、ということを意味している。ここで生じる消費の個性化・多様化は、多かれ少なかれ、企業の影響力を超えて展開されることになる」（上原［1999］257頁）。

　このことは、上原によれば、「ポスト・モダンを標榜する一派が主張するように、『生活世界』が台頭し、それが企業や産業のごとき『システム』を支配するようになる、ということを見事に示している」（上原［1999］291頁）。そして、この議論においても、ハーバーマスの議論を参考にしていることが示されている。見られるように、上原が想定する消費者は、ハーバーマスの議論に依拠している。

3.4.2　消費欲望の総データ化

　ハーバーマスによれば、「生活世界とは、話し手と聞き手とがそこで出会う、いわば超越論的な場である。この超越論的な場において、かれらは自分たちの発言が世界（客観的世界、社会的世界、ないし主観的世界）に適合するという要求を、相互につきつけることができる。またそうした場において、かれらはこうした妥当要求を批判したり、是認したりすることができ、自分たちの意見の食違いを調停して、同意に達することができる」（Habermas［1981］（邦訳27頁））。そして、「コミュニケーションの参加者は、相互主観的に同一の意味を認めうるという条件のもとでのみコミュニケーション的行為を行なうことができる」（Habermas

［1985］（邦訳345頁））。したがって、ハーバーマスの議論に依拠すれば、ネット社会における消費者は、消費者間で分厚い討議を交わし、そうした言語によるコミュニケーションを通じて個々の消費者の持つ経験的で私的な消費欲望が理性的で公的な意思へと転換されることになる。また、そこでの消費者は、お互いに同じ意見に到達できると思っていて、それゆえにコミュニケーションが行われるということになる。

　しかしながら、今日のネット社会における消費者は、そのような消費者であろうか。例えば、新商品について、あるいは好きな音楽について、全く異なる意見を語りっぱなしにしているブログやツイッター、ユーチューブなどのソーシャルメディアの台頭をどう理解すればよいのだろうか。そこでの消費者は分厚い討議を交わすこともなければ、理性的で公的な意思を導こうとするのでもなく、そもそも同じ意見に到達できるとは最初から思ってさえいないように見える。つまり、今日のネット社会の消費者は、ハーバーマスに依拠して導かれる消費者とは異なった消費者であると考えられる。

　ハーバーマスの想定と現実とが異なっている理由について、東浩紀は、「21世紀の社会は複雑すぎるうえに、その複雑さが新しい情報技術のおかげであまりにもそのまま可視化されてしまっている」からであると論じている（東［2015］108頁）。例えば、グーグルは、われわれがそれを利用する度に、検索語や閲覧履歴などのデータを蓄積し解析して、グーグル・サジェストや検索順位など、「わたしたちの無意識が行っている体系化を可視化している」（東［2015］92頁）。あるいは、ツイッターは、全世界に散らばる数億人のユーザーが自らの状況や感情を公開することを可能にし、フォースクエアは、自分がどの町のどの店にいるのかというチェックイン情報を投稿することを可能にしている。「ツイートにしろチェックインにしろ、むろん個々の行為は意識的なものではある。しかし、数千万、数億、数十億というデータの量は、もはや個々人の思いを超えた無意識の欲望のパターンの抽出を可能にする」（東［2015］93頁）。すなわち、「そこでは処理すべき情報があまりに多く、もはや

個人の『限定された合理性』を超えてしまっているのである。そのため、人々のコミュニケーションは日常的に麻痺し、アーレントやハーバーマスの前提は現実には成立が難しくなっている」（東［2015］108-109 頁）。

　ここで強調されるべきは、「現代社会は、人々の意志や欲望を意識的なコミュニケーションなしに収集し体系化する、そのような機構を現実に整備し始めている」という議論である（東［2015］91 頁）。グーグルやツイッター、フォースクエアだけでなく、ブログを眺めているだけでもユーチューブを再生しているだけでも、その消費行動が全てデータとして収集されるのが現代のネット社会である。そうした「総記録社会は、社会の成員の欲望の履歴を、本人の意識的で能動的な意志表明とは無関係に、そして組織的に、蓄積し利用可能な状態に変える社会である。そこでは人々の意志はモノ（データ）に変えられている」（東［2015］、98 頁）。そして、「『総記録社会』化は、たしかに企業による消費者のコントロールを強化するかもしれない」のである（東［2015］151 頁）。

　ネット社会に向かうにつれ、消費者はグーグルなどの機構に対して自発的に、雪崩を打って個人情報やプライバシーを委ねるようになっている。そこで記録される発言や行動の一つひとつが消費者によって意識的になされたものであっても、そのようなデータが大量に蓄積され解析されれば、消費者個人では認識することの難しい思いもかけぬ傾向やパターンが抽出されることになる。つまり、現実に整備され始めた情報機構は、消費欲望の「固有性を奪い、断片化しデータ化し計量可能なものへと変える」（東［2015］227 頁）。そして、それ「へのアクセスは、いまのところいくつかの民間企業に占有されている」（東［2015］102 頁）。

　こうした東の議論について、江上は、「ここで最も重要なのは、消費者調査などでの『外れ値』となる異質で特異な意識を持つ消費者の意見などはまさに『外され』、統計的な検定に適合する分析結果だけが学術的な実証的研究として『公的』になったり、企業戦略として活用され」たりすることだと指摘する（江上［2016b］34 頁）。異質で特異な消費

者の意見は、ポータルサイトによってサジェストされることがなく、検索順位でも下位に埋もれてしまうからである。したがって、「そこではネット利用者による『ステレオタイプ化』がより『ステレオタイプ化』されるという、循環が進行する傾向が続く」(江上［2016b］34頁)。ここで、「ステレオタイプ」とは、「判で押したように多くの人が共有する固定観念」を意味している（江上［2012］106頁）。上位にサジェストされたワードや検索されたサイトがクリックされることでそうしたワードやサイトがますます上位に並ぶことになり、誰もが同じ検索結果を共有することで、観念が固定化されていく。「つまり、『ステレオタイプ』的に『短絡化』された情報の中で消費者は『欲望』を育むといえる。やはり、縮減化された情報化社会では、さまざまに異質で独自的な少数意見などはこぼれ落ちる可能性が高い」(江上［2016b］34頁)。そして、その限り、ポータルサイトが自立的な消費者情報システムを担うことはできないということになる。

3.4.3　消費者情報システム

こうして江上は、「『縮減化した情報社会』による『ステレオタイプの消費生活』を超えて多様な価値観に基づく自立的な情報化社会における『ライフ・スタイル』をどう培うかが今後のわれわれの課題であろう」と述べ、「そのためにも……流通過程から消費者によって自立的に社会を変えてゆく政治意識（情報）化が重要であり、それが『自己を変えながら消費社会を変え、消費社会を変えながら自己を変える』ことの始まりであろう」と指摘する（江上［2016b］35頁）。したがって、自立的な消費者情報システムを担う主体として想定されるのも、「自らの消費生活を主体的に捉え直し、営利的な会社主義的価値観をこえ、非営利的な活動に価値観を見出し、その精神に基づいて消費生活や市民活動〔を〕している人」ということになる（江上［2003］264頁）。

具体的に江上は、アメリカ消費者同盟（現 Consumer Reports）のような非営利組織（NPO）を想定している。その商品テスト誌『コンシュー

マー・レポート』の毎月の発行部数は約 400 万部であり、定期購読部数はウェブ版との合計で約 700 万部とされている。そのため、広告を掲載して企業から資金を提供してもらう必要がなく、レポートの独立性・公平性が維持されており、企業に対して多大な影響力を持っている。「いずれにしてもその活動内容は、NPO が主体となることにより、『生活の論理』を基盤とした自立的な活動が期待できる」という（江上［2003］265-266 頁）。

そのイメージは、図表 3.2 のように示される。NPO が商品テストを実施することはもちろん、企業からも消費者からも商品に関する情報を積極的に収集し、その情報を参考に、消費者は商品選択を行い、企業もマーケティングを実施することが想定されている。「まさに企業や消費者のための商品やサービスに関する情報仲介である」（江上［2003］265 頁）。

図表3.2　消費者情報システムの位置と役割

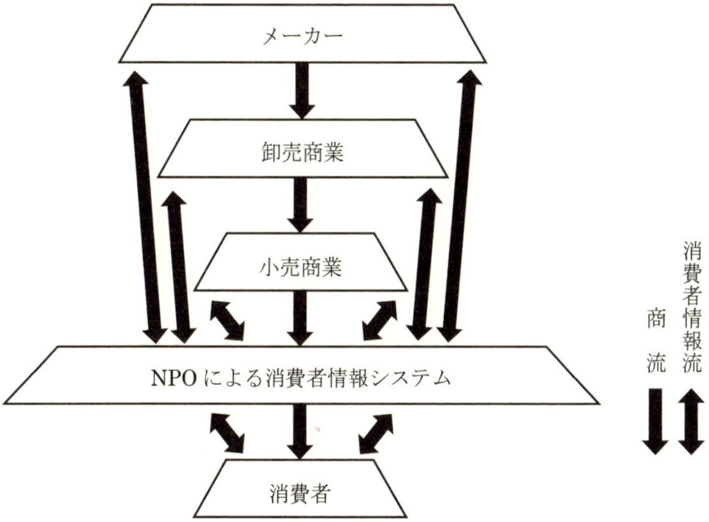

出典：江上［2003］266頁。

だが、江上自身が指摘するように、こうした「価値創造的な消費生活のための情報システムを担う主体の創出は、まさに消費者の生活主義に向けての主体的な意識と行動に求め〔られ〕ることになる。しかし具体的にそれらの消費者の動きが顕在化するの〔に〕は、これまでにない消費者運動が必要であろう。したがって、その自立的な消費者情報システムに取り組む消費者運動の在り方と方向性を考えざるをえない」（江上［2003］、266頁）。

そのために江上は、まず、ハーシュマン（Hirschman, A. O.）の議論（Hirschman［1970］）に注目し、「退出」型よりも「『発言』型の消費者運動の重要性を指摘」する（江上［2003］270頁）。さらに、主体となるべきNPOについては、サラモン（Salamon, L. M.）の議論（Salamon［1995］）に注目し、「非市場経済論的なサラモンのNPO論に理論的基盤を求め」なければならないことを指摘する（江上［2003］272頁）。そして、こうした議論が、「消費者学習理論」に結実することになる。

3.5 消費者学習

消費者学習理論は、ベイトソン（Bateson, G.）の学習理論をベースに論じられている。ベイトソンによれば、学習とは、有機体が同時に複数のレベルで変化していく現象のことであり、〈ゼロ学習〉〈学習Ⅰ〉〈学習Ⅱ〉〈学習Ⅲ〉〈学習Ⅳ〉の5つの論理階型からなる。

「〈ゼロ学習〉とは、試行錯誤には引っ掛からない（単純または複雑な）一切の行為を含む領域」（Bateson［2000］p.287（邦訳391頁））であり、その特徴は、「反応が一つに定まっている点にあっ〔て〕……その特定された反応は、正しかろうと間違っていようと、動かすことのできないもの」（Bateson［2000］p.293（邦訳399頁））である。本能的な行動や生理的な反射などがこれに当たる。

「〈学習Ⅰ〉とは、反応が一つに定まる定まり方の変化、すなわちはじめの反応に代わる反応が、所定の選択肢群のなかから選びとられる変化」

である（Bateson[2000]p.293（邦訳399頁））。パブロフ心理学の古典的条件づけのケースや、報酬または懲罰を伴う道具的コンテクストで起こる学習など、心理学のラボで最も普通に学習と呼びならされているものの数々がこれに当たる。

「〈学習Ⅱ〉とは、〈学習Ⅰ〉の進行プロセス上の変化である。選択肢群そのものが修正される変化や、経験の連続体が区切られる、その区切り方の変化がこれにあたる」（Bateson［2000］p.293（邦訳399頁））。ここで重要になってくるのは、「このレベルの学習は、一度なされてしまうと、根本から消し去ることはほとんど不可能になる」という指摘である（Bateson［2000］p.301（邦訳409頁））。

同じく、「〈学習Ⅲ〉とは、〈学習Ⅱ〉の進行プロセス上の変化である。代替可能な選択肢群がなすシステムそのものが修正されるたぐいの変化である」（Bateson［2000］p.293（邦訳399頁））。「一度なされてしまうと、根本から消し去ることはほとんど不可能になる」学習Ⅱの進行プロセス上の変化であるから、「"身にしみついた"前提を引き出して問い直し、変革を迫るのが学習Ⅲだといってよい」ということになる（Bateson［2000］p.303（邦訳p.412））。

さらに同じく、「〈学習Ⅳ〉とは、〈学習Ⅲ〉に生じる変化、ということになろうが、地球上に生きる（成体の）有機体が、このレベルの変化に行きつくことはないと思われる」とベイトソンは言う（Bateson［2000］p.293（邦訳399頁））。

以上のような学習理論について、江上は、「マーケティングと消費者との関係でとくに注目すべきは、学習Ⅱの特徴である」と指摘する（江上［2013］223頁）。「なぜなら……消費者をいかに『学習Ⅱ』の範囲に囲い込むかが……マーケティング戦略の核だと……考えているからである」（江上［2013］224頁）。さらに江上は、「学習Ⅱの段階にある人は『前提』を疑わない」と指摘する（江上［2013］224頁）。「例えば、市場経済を絶対的に疑わない人は、その市場経済の範囲の中でより市場機能的に仕事を行うことが重要で、そのことだけを考えて学習する

人々であり、それらの人々は学習Ⅱレベルにいる」という（江上［2013］224-225頁）。したがって、「学習Ⅱから脱却し学習Ⅲへ向けたあらたな『価値観』をどう日常的な生活で見出すか」が自立的な消費者情報システムを担う主体にとっての課題となる（江上［2013］226-227頁）。

こうした学習Ⅱから学習Ⅲへの変化について、江上が挙げる野菜ジュースの例を参考に、もう少し説明を加えておきたい。スーパーやコンビニなどには、「野菜一日これ一本」や「1日分の野菜」など多くの野菜ジュースが並んでいる。それらを前に、1日にとるべき野菜量の基準や各ジュースの栄養価も知らずに手軽で便利だとして買っているのが学習Ⅱレベルの消費者であり、三度の食事で野菜を摂取することの大事さを意識するのが学習Ⅲレベルの消費者である。

だが、やはり江上自身が指摘するように、「現実には一般的な消費者が、『分析者の視座』になるのは簡単ではない」（江上［2013］229頁）。ここで、「分析者の視座」は「学習Ⅲレベルの消費者」を意味している。そして、簡単ではないことの主たる理由として、「わが国では学習Ⅱを超える学習Ⅲの観点による消費者情報の発信体制がお粗末」（江上［2013］232頁）であることを挙げ、それゆえに、「消費生活センターが核となるよう〔な〕消費者情報システムを整備すること」（江上［2013］241頁）が必要であると論じている。

江上の場合、消費者情報システムの確立のためには、消費者が学習Ⅲレベルに到達する必要があり、消費者が学習Ⅲレベルに到達するためには、消費者情報システムの確立が必要であるという関係になっている。この関係については検討の余地が残されている。しかし、ここでは、「自己を変えながら消費社会を変え、消費社会を変えながら自己を変える」という議論は、消費者情報システム論と消費者学習理論を踏まえて展開されていたことを確認するにとどめたい。

最後に、本書全体のテーマ「買い物弱者とネット通販」への本章のインプリケーションを論じておきたい。ネット通販が買い物弱者の問題を解消するツールであることは間違いない。だが、そこで購買できるのは、

ポータルサイトによって上位にサジェストされ、検索された商品である。つまり、ステレオタイプ的に短絡化された情報の中で欲望を育まざるを得ないという意味での買い物弱者の問題が残されている。やはり、縮減化した情報化社会によるステレオタイプの消費生活を超えて、自立的な情報化社会による多様な価値観に基づくライフ・スタイルをどう培うかが今後のわれわれの課題であり、そのためにも、流通過程から消費者によって自立的に社会を変えてゆく政治意識（情報）化が重要であって、それが、「自己を変えながら消費社会を変え、消費社会を変えながら自己を変える」ことの始まりであろうと思われる。

参考文献・資料

Bateson, G. [1972 (2000)] *Steps to an Ecology of Mind*, University of Chicago Press (佐藤良明訳『精神の生態学(改訂第2版)』新思索社、2000年).

Habermas, J. [1981] *Theorie des Kommunikativen Handelns*, Suhrkamp. (丸山高司・丸山徳次・厚東洋輔・森田数実・馬場孚瑳江・脇圭平訳『コミュニケイション的行為の理論(下)』未来社、1987年)

Habermas, J.[1985] *Der Philosophische Diskurs der Moderne*, Suhrkamp. (三島憲一・轡田収・木前利秋・大貫敦子訳『近代の哲学的ディスクルスⅠ』岩波書店、1990年)

Hirschman, A. O. [1970] *Exit, Voice, and Loyalty: Responses to Decline in Firms, Organizations, and States*, Harvard University Press.(矢野修一訳『離脱・発言・忠誠―企業・組織・国家における衰退への反応』ミネルヴァ書房、2005年)

Kotler, P. & Levy, S. J. [1973] "Buying is Marketing Too!" *Journal of Marketing*, Vol.37, No.1, pp.54-59.

Peppers, D. & Rogers, M. [1993] *The One to One Future: Building Relationships One Customer at a Time*, Doubleday. (井関利明監訳『One to One マーケティング―顧客リレーションシップ戦略』ダイヤモンド社、1995年)

Rapp, S & Collins, T. L. [1996] *The New Maximarketing*, McGraw-Hill. (江口馨監訳『マキシマーケティングの革新―「語れ、売るな」の顧客リレーションシップ』ダイヤモンド社、1996年)

Salamon, L. M. [1995] *Partners in Public Service: Government-Nonprofit Relations in the Modern Welfare State*, Johns Hopkins University Press. (江上哲監訳『NPOと公共サービス―政府と民間のパートナーシップ』ミネルヴァ書房、2007年)

東浩紀[2011 (2015)]『一般意志2.0―ルソー、フロイト、グーグル』講談社。

上原征彦[1999]『マーケティング戦略論―実践パラダイムの再構築』有斐閣。

江上哲[2003]「マーケティング・チャネルの変容と消費者情報の公共化」阿部真也・藤澤史郎・江上哲・宮崎昭・宇野史郎編著『流通経済から見る現代―消費生活者本位の流通機構』ミネルヴァ書房、第12章。

江上哲[2012]『「もしドラ」現象を読む』海鳥社。

江上哲[2013]『ブランド戦略から学ぶマーケティング―消費者の視点から企業戦略を知る』ミネルヴァ書房。

江上哲[2016a]「はしがき」阿部真也・江上哲・吉村純一・大野哲明編著『インターネットは流通と社会をどう変えたか』中央経済社、i～ⅱページ。

江上哲［2016b］「ネット社会における消費者意識の行方」阿部真也・江上哲・吉村純一・大野哲明編著『インターネットは流通と社会をどう変えたか』中央経済社、第1章。

木本喜美子［1995］『家族・ジェンダー・企業社会―ジェンダー・アプローチの模索』ミネルヴァ書房。

佐久間英俊［2005］「インターネット・マーケティングと消費者」山口重克・福田豊・佐久間英俊編『ITによる流通変容の理論と現状』御茶の水書房、第2章。

嶋口充輝［1996］「インタラクティブ・マーケティングの発展とその性格」矢作恒雄・青井倫一・嶋口充輝・和田充夫『インタラクティブ・マネジメント―関係性重視の経営』ダイヤモンド社、第7章。

嶋口充輝［1997］『柔らかいマーケティングの論理―日本型成長方式からの出発』ダイヤモンド社。

和田充夫［1998］『関係性マーケティングの構図―マーケティング・アズ・コミュニケーション』有斐閣。

第2部

買い物弱者としての在外子育て家庭

　第2部では、「買い物弱者」問題と流通、特にネット通販のかかわりについて、東南アジアで子育てをする日本人家庭を事例に論じる。後述のように近年日系企業の進出が目覚ましい東南アジア地域では、多くの日本人が暮らしており、単身での赴任者だけでなく家族で移住し、現地で子育てを行っている家庭も少なくない。第2部ではこれら東南アジア、特にタイとベトナムで子育てを行う家庭を日本的子育て商品入手における「買い物弱者」として位置づけ、日本と比べ子育て用品の入手が困難な環境において邦人家庭がいかにして必要な品を入手しているのか、そしてその際にインターネットがどのような役割を果たしているのかについて考察する。

第4章
東南アジアにおける邦人子育て家庭の買い物環境

4.1 「買い物弱者」としての在東南アジアの邦人子育て家庭

4.1.1 日系企業の東南アジア進出

　ASEAN地域への日系企業、とりわけ製造業の進出は1985年のプラザ合意以降に急速に増加した。インドネシアでは首都ジャカルタやその周辺地域に数多くの工業団地が整備され、マレーシアにも多数の企業が進出している。さらに近年は、製造業のみならず小売業やサービス業の海外進出が著しい。特に小売業やサービス業については日本で活動を行っている企業の進出はもちろん、現地で起業した日系企業も増加しており日本とASEAN諸国のつながりは新しい局面を迎えようとしている。

　なかでもタイは、東南アジアの製造拠点として多くの日系企業が進出している場所である。統計によって数値の幅があるものの、タイの日系企業の数は2008年の3,884社から2017年の6,134社へと急増している（日本貿易振興機構［2017］）。このような国境を越えた企業活動の拡大もあり、現在タイで生活する日本人の数はASEAN諸国で最大となっている。外務省［2018］の調査によると在タイ日本人は2001年に当時ASEAN諸国で最多のシンガポールの23,174人に次ぐ22,731人であったが、2018年には72,754人へと3倍強に増え、シンガポー

ルの36,423人のほぼ2倍、3位のマレーシア24,411人、4位のインドネシア19,717人とも大きく差が開いている。

　これに伴って在タイ日本人社会の多様化も進んでいる。進出企業によって派遣された駐在員とその家族も増加傾向にあるが、現地に基盤を持つ現地採用者の割合が1994年の8％から2013年の21％へと顕著に増加しているのである（丹羽ら［2016］）。

　一方近年では、上記の諸国に加えベトナム、ラオス、カンボジアなどのインドシナ半島地域を中心により幅広い国へと日系企業が進出している。その結果、在外日本人の数はこれらの地域においても大幅に増加している。なかでも注目すべき増加がみられるのが、ベトナムである。2017年の「外務省海外在留邦人調査統計」によれば、永住権などを持たない長期滞在者で17,024人と、ベトナムは全世界でも14位に位置している。人数規模では、タイやシンガポール、インドネシアより少ないものの、増加率では毎年10％程度の伸びを示しており、それらの国々を凌ぐ水準にある。

　以下本章では、次節で「買い物弱者」としての在東南アジア邦人子育て家庭という視点を確認したうえで、日系企業数、在住邦人数ともに最大規模のタイと近年急速に在住邦人数が拡大しつつあるベトナム、それぞれの地域における買い物環境についてまとめることとする。

4.1.2　「買い物弱者」としての邦人子育て家庭という視点

　「買い物弱者」という言葉から連想されるのはどのような人々だろうか。多くの人々が想像するのは過疎化が進行する地域で自動車の運転ができない高齢者などが一般的ではないだろうか。しかし「買い物弱者」という言葉を何らかの理由で日常生活に必要な商品を購入する上で困難を抱える人々と理解するのであれば、高齢者以外にも買い物弱者が多数存在していることに気づかされる。

　買い物弱者問題については、これまでも行政を中心に様々な取り組みが行われている。たとえば、経済産業省では「地域生活インフラを支え

る流通のあり方研究会」が2010年に『買い物弱者応援マニュアル』を策定し、2015年にはその第3版がまとめられるなど問題の解決に向けた取り組みが行われている。また、問題に対応するための実践的な研究も一定数蓄積されている（たとえば笹井［2010］，木立［2013］，菊池［2016］）。しかし一連の研究には、いくつかの課題も残されている。

　第一は、買い物弱者を議論する際に高齢者を前提とした議論にとらわれすぎてきた点である。高齢化社会が買い物弱者問題を顕在化させた点については当然ではあるが、買い物弱者は必ずしも高齢者に限定されたものではない。心身に障がいのある者に加えて、妊娠中や小さな子供を持つ女性や日本語という資源に欠ける外国人なども買い物弱者研究の重要な対象のはずであるが、これらを対象とした議論は極めて限定的であった。

　第二に、買い物弱者の問題を「地域振興」と絡めて論じてしまったことで、地域的広がりが日本国内、とくに過疎地と高度経済成長時に建てられた大規模団地などに限定され、その他の対象が見えにくくなってしまった点である。上述のように買い物弱者は高齢者のみならず、地域を限らず遍在している。にもかかわらず、特定地域の問題としてしか論じられないことによって、多くの買い物弱者が議論の俎上に載ることがなかったのである。

　すなわち「買い物弱者」問題は必ずしも高齢者や過疎地に限られたものではない。東南アジアで子育てをする日本人家庭は、日本的な子育て文化を念頭に置きながらも、商品入手の点では日々物流上の制約から居住地の状況とのすり合わせを行う必要性に迫られている。たとえば、日常的に利用する日本製の紙おむつや粉ミルクであっても、日本であれば近所のスーパーで調達できるものが、遠く離れたショッピングセンターに出かけなければならなかったり、そもそも当該国内で購入することが困難であったりする。このように考えれば、子育てを行う家庭は日本的

第 4 章　東南アジアにおける邦人子育て家庭の買い物環境

商品入手における「買い物弱者[注1]」として位置づけることができるのである。したがって日本と比べ子育て用品の入手が困難な環境において邦人家庭がいかに必要な品を入手しているのか、そしてその際にインターネットがどのような役割を果たしているのかが論点となる。つまり、本書が着目する在外子育て家庭の商品調達は、これまでの買い物弱者研究では重視されてこなかった対象へと視野を広げるものであり、新たな論点を探索することを可能とすると考えられるだろう。

4.2　タイにおける子育て商品の買い物環境

　長期の在住者の話によれば、20 年ほど前までは、日本への一時帰国の際や、当時から日本食材店などが充実していたシンガポールへ出張した際などに大量に買い出しをしていたという。しかし、現在、バンコクでの日本的商品の流通状況はモノ・サービス共に高いレベルにある。近年は、在住日本人向けの民族スーパーだけでなく現地向けスーパーでも一応の品揃えが見られるようになっており、多くの在住者の期待するレベルにある。

　現在もつづく日系のスーパー UFM FUJI SUPER は 1985 年にオープンしている。主な利用者は在留邦人と日本とつながりのある現地富裕層であったが、バンコクに一店舗に過ぎず値段も日本に比べ相当に高かったため毎日気軽に利用できるという程度ではなかった。同スーパーは 1996 年に 2 号店、2008 年に 3 号店、2010 年に 4 号店と日本人在住

注1　本章で用いる日本的商品とは、日本製の商品のほか、他国製であっても日本で一般的に流通している商品および日本メーカーが海外で生産している商品などの総称である。たとえば、日本の菓子メーカーが東南アジア市場向けに生産するスナック菓子や日本の大手アパレル企業が日本での流通を前提に東南アジア地域で生産する商品も「日本的商品」に含まれる。子育て家庭では、用品によっては「日本製」に強くこだわる一方で、外国製であっても、日本市場向けに品質が管理されているのであれば問題ないという場合も存在する。また生産国を問わず日本の育児に特徴的な用品も存在する。本稿では、それらを総称する場合に「日本的商品」を用い、文脈によって限定が必要な場合に「日本製の商品」などの表現を用いる。

者の増加と共に店舗数を増やした。在住日本人の多い地域に集中出店していることもあり、在住日本人の情報交換の場としての役割も果たすようになった。現在もこのスーパーは日本産の物品、日本向け品質の物を扱い在住日本人のニーズに応えているだけではなく、現地の外国系高級スーパーとしての役割も果たしている。しかし、品揃えとしては食品が中心であり、子育て用品は相対的に少ない。値段的には日本からの輸入品は日本の2〜3倍程度の物も多く、確かに割高感は強い。

一方、イオン系のマックスバリューが2007年の1号店以来、現在は小規模なものも含めて100店舗近くが展開している[注2]。こちらは在留日本人にも利用されることも多いが、中間層のタイ人を主な対象として人気を博している。ここでは日本でも扱っているトップバリューブランドも並んでおり、これらに関しては値段は日本よりやや高いこともあるものの日用品も含めほぼ同様の品揃えといって良い程である。近年はスーパーだけでなく増大する現地需要を念頭にツルハドラッグも18店舗が展開[注3]しており、日本的商品の入手手段は更に充実している。

また上述のモノだけでなく、サービスの供給も充実している。タイの外食産業に見る日本食の存在感は非常に大きい。特にバンコクでは、いわゆる伝統的な和食だけでなく、ラーメン、お好み焼き、焼肉、日本風の洋食、日本式カラオケバーなどの専門店も目立ち、高級レストランからショッピングモールのフードコートまで街のいたるところで日本食レストランを見かけることができる。背景として急増する訪日タイ人観光客の影響も指摘されるが、タイ社会全体で日本食への関心は高い（日本貿易振興会［2017］）。さらに日本からの観光客向けという側面もあるが美容関係（エステ、マッサージなど）も増加している。日系美容室もここ数年の内に数店から30店近くに急増しており、技術力とファッショ

注2　イオンタイランド http://www.aeonthailand.co.th/store-information（2018年11月30日）

注3　ツルハドラッグタイランド http://www.tsuruha.co.jp/service/thailand/（2018年11月30日）

ン性で在住日本人だけでなくタイ社会にも浸透しつつある。一方、医療関係も高級病院を中心に日本語通訳を配置しており、原則日本人のニーズのみを対象としていると考えられるが、その充実度合いには目を見張る（渡辺［2012］）。

　このようなタイの現況に在留邦人の多くが、他のASEAN諸国の状況との比較も念頭に概して満足しているようで、品質と金銭的な制限のバランスから、日々の生活ニーズのほとんどを現地で手に入る日本的商品と現地生産の代替品で満たしており、日本から個人で直接輸入する必要性は相対的に少ない状況にある。

　ただし、日本製・日本産の物が安心安全の象徴としてみられることが多い一方で、日本からの商品だからといって盲信するわけではない、という指摘もある。一部には、日本でもしばしば話題になる農薬問題を理由に、日本からの輸入農作物も信じるに足りないとし、タイ国内で無農薬で育てている日本人農家から直接取り寄せているといった事例も報告されている。

図表4.1　豊富な種類のオムツが並ぶバンコク市内のスーパー

出典：筆者撮影（2017年）

図表4.2　子ども用ミルクには欧米からの輸入品も多い

出典：筆者撮影（2017年）

　必需を満たすというレベルでは、バンコクの状況は外国で望める最高レベルがすでに実現されているようにもみえる。しかし、「より納得度が高い」、「多くの選択肢から選ぶ」、特定の「お気に入り」といった形での商品入手への文化的満足については、相対的に買い物に困難を抱えているとみることができるだろう。

4.3　ベトナムにおける子育て商品の買い物環境

　タイと比べた場合、ベトナムにおける日本的商品の買い物環境は必ずしも充実したものとは言えない。しかし先に述べたように、近年の日系企業の進出によって、ベトナムには多数の日本人が生活をしている。それとともに日本食レストランも多数オープンしているほか、日本製の商品、あるいは日本製でなくとも日本で一般的に流通する商品を扱う店舗も増加してきた。とりわけ2010年代に入り、店舗数の増加が顕著なのはもちろん、従来の個人経営、独立開業型の店舗だけではなく、日本国内でも著名なチェーン店や、イオンや高島屋、ファミリーマートといっ

た業界最大手企業が相次いで進出している。

　しかしながらこのような状況は、必ずしも在ベトナム邦人にとって日本と同様の買い物環境が十分に整備されていることを意味するものではない。一部の食品や雑貨については、相対的な物価水準と比して割高感はあるにせよ、「日本的な商品」を容易に購入することが可能になっているものの、他方では必需品であるにもかかわらず、入手が困難な商品も少なくない。その典型例が、子育て関連商品である。

　第7章で詳述するが、子育て関連商品は、一般的な衣料品や食品と異なり、使用期間が一時的でありながらも必需が存在し、過去の購買経験が役に立たないにもかかわらず安心・安全が重要視される。また在外邦人数が増加したとしてもその市場は限定的で、海外という物流が制限された環境下にては、日本人家庭が期待する品質の製品を安価に入手することが困難である。

　ベトナムでも日経企業の進出が限定的であった時期には、単身での駐在が多数を占めており、家族で赴任する場合には生活環境面を企業が全面的に支援することが主流であった。それに対し、近年の進出企業の多様化によって、企業の支援が十分に得られない状況で家族を連れて赴任するケースも増加しつつある。だが、後述するような高価な宅配サービスで入手するならともかく、子育て商品が市場に流通しておらず、販売する小売店が存在していたとしても公共交通機関の整備が日本と比べ不十分なベトナムでは、乳幼児をベビーカーにのせておむつや粉ミルクなどを親が単身で買いに出かけることは現実的には困難である。そのように考えると、ベトナムで育児をする邦人家庭は、子育て商品の調達においては、まさに買い物弱者といえるであろう。

　あらためてベトナムにおける子育て商品をめぐる買い物環境についてまとめてみたい。2010年代初頭まで、ベトナムにおいて日本的商品を販売している店舗は限られていた。ハノイやホーチミン市で日本人駐在員が多く暮らすエリアには、以前から食料品を中心に日本製品を販売する店舗が存在していたが、商品の中心は醤油や味噌などの調味料、イン

スタント食品、スナック菓子であり、子育て用品はほとんど扱われていなかった。市内の大型スーパーでは、欧米系メーカーや日本メーカーの紙おむつや粉ミルクなども販売されていたが、品ぞろえは限定的であった。[注4]

しかし企業進出が活発化した2010年代以降、日本製品を扱う小売店は劇的に増加している。とりわけ、在ベトナム邦人だけではなく、成長市場ベトナムに期待する日本の流通・小売りの大手チェーンが、多数進出している。コンビニエンスストアでは、2009年にファミリーマートが進出し、2011年にはイオン系列のミニストップが進出、セブンイレブンも2017年7月にホーチミン市で店舗を開業した。百貨店では、2016年7月ホーチミン市中心部に高島屋がオープンしている。

そして、日系の流通・小売企業によるベトナム進出の象徴がイオンモールである。イオンは、2014年1月にホーチミン市郊外にイオンモール Tan Phu Celadon をオープンさせ、その後も同市内にイオンモール Binh Duong Canary、2015年10月にはハノイにイオンモール Long Bien を、2016年7月にはホーチミン市3店舗目となるイオンモール Binh Tan を開業しているほか、ハノイ郊外にもさらに1店舗開業が予定されている。[注5] 店舗の構造は日本の大規模モールとほぼ同様であり、専門店やシネコンのほかに、イオン直営店が入居している。そこでは、プライベートブランドであるトップバリュー製品など、食品日用品問わず多様な日本製品が店頭に並べられている。子育て用品についても、紙おむつや粉ミルク、離乳食、子供用衣料品、哺乳瓶や玩具などが販売されている。

注4　ホーチミン市やハノイに暮らす日本人女性で組織されている婦人会では、日本製品の購入が可能な店舗をリスト化した冊子を作成し情報を共有している。たとえばハノイ日本婦人会（HJWC）では、政府機関から病院、学校、ベトナムでの生活で必要とされる商品やサービスを提供する各種店舗の住所と電話番号などを網羅した50ページ以上にもなる冊子『HANOI GUIDE』を毎年発行している。

注5　イオンモール株式会社／AEON MALL VIETNAM CO., LTD プレスリリース（2017年3月10日）

図表 4.3　イオンモール Long Bien

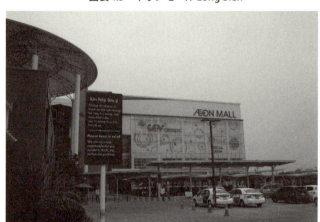

出典：筆者撮影（2016年）

図表 4.4　イオンモール Long Bien 内の子供用品店

出典：筆者撮影（2016年）

また専門店の中には、日本的子育て用品を専門的に扱う店もあるほか、ダイソーなどの雑貨店も出店している。加えてイオンではモールだけではなく、都心部を中心に小規模のスーパーマーケットも展開している。さらに2016年の調査時には、イオンに限らずベトナム都市部の郊外には大型のショッピングモールが多数開発されており、そこに出店する育児用品専門店でも日本製の子育て用品が多数販売されていた。

もっともこのような状況は、2010年代半ば以降のことである。筆者らが行ったインタビュー調査では、在住経験が長い参加者から度々、この10年ほどの変化に対する驚きの声を聞くことができた。かつては入手すること自体が想像できなかった商品が、今では普通に店頭に並んでいる。それ以前は、日本製子育て商品の流通は限定的であり、仮に店舗に入荷したとしても、日本製品の品質を評価するベトナムの富裕層に先に購入されてしまったりして十分な量を安定的に購入することは困難であった。それに比べると、子育て商品の買い物環境は、大幅に改善されたといえる。

ただし、日本の流通企業が進出し、日本製品が数多く店頭に並ぶようになったとはいえ、その品ぞろえが日本と同じであるとは限らない。たとえば離乳食など、日本では複数のメーカーから選択が可能であるが、ベトナムでは日本製にこだわるのであれば、選択の余地がない商品も存在している。現在でもベトナムの物価水準を考慮すると日本製品は高額であり、邦人家庭にとって割高な印象を受けることも少なくない。また小規模店舗の場合、日本製品の入荷は不安定であり、いつでも購入可能というわけではない。そして進出した店舗へのアクセスも、日本と異なりタクシー利用が必要となるなど、必ずしも利便性が高いとは言えない状況にある。そのためインタビューでは、イオンモールや高島屋を必ずしも日常的には利用していないという声が多数を占めていた。

子育て商品に限らず、日常生活に必要な食品や雑貨を市中の小売店でどの程度まで調達するのかについては、居住地域も大きく左右される。ハノイやホーチミン市では、日本人駐在家庭が多く暮らす地区周辺に、

日本食レストランや日本製食品を販売する商店が立地しており、比較的容易に日本的商品を購入することが可能である。しかしそれらのエリアから少し離れると、先述のような交通事情のため、気軽に買い物に出かけることは困難である。場合によっては、月に数回タクシーをチャーターしてスーパーマーケットで買いだめをするようなケースも存在した。さらにイオンに限らず、ショッピングモールの多くは郊外に立地しており、在住邦人にとって、気軽にアクセスすることが難しい。したがって、日系の流通・小売業の進出が進んだことが即買い物弱者であることを緩和しているわけではないのである。

4.4 まとめ

　以上のように、製造業を中心に日系企業の進出が目覚ましい東南アジア地域では、流通小売業においても同様の傾向がみられる。そのためかつてに比べ日本的製品の入手が容易になりつつある。しかし子育て関連商品に限って言えば、依然として一部入手困難な品も存在しており、在外子育て家庭は買い物弱者として位置づけることが可能である。では、このような状況において子育て家庭がいかに必要な品を調達しているのかについて、第5章ではタイ、第6章ではベトナムを事例に詳細に論じることにしたい。

参考文献・資料

外務省[2018]『海外在留邦人数調査統計(平成30年度版)』外務省.

菊池宏之［2016］「持続的食品供給システム構築と課題—買い物難民（1）対応としての価値共創」『東洋大学経営論集』第87巻，77-91頁.

木立真直［2013］「フードデザートとは何か—社会インフラとしての食の供給」『生活協同組合研究』vol.431, 5-12頁.

笹井かおり［2010］「『買い物難民』問題—その現状と解決に向けた取組」『立法と調査』307巻，109-119頁.

日本貿易振興機構（ジェトロ）［2017］『タイ日系企業進出動向調査2017年』日本貿易振興機構.

丹羽 孝仁, 中川 聡史, テーレン ティモ.［2016］「変容する海外で働く日本人：現地採用者に着目して」『埼玉大学紀要 教養学部』, vol. 51（2），205-222頁.

ハノイ日本婦人会［2016］『HANOI GUIDE 2016』ハノイ日本婦人会.

渡辺幸倫［2012］「タイ王国の国際病院における異文化コミュニケーションの課題」『相模女子大学文化研究』,vol.29/30,25-37頁.

第 5 章

バンコクにおける日タイ国際結婚家庭の教育商品調達について

5.1　はじめに

　本章では、在タイ日本人のなかでも現地とのつながりが特に強いと思われる子育て中の日タイ国際結婚家庭を取り上げる。子育ての過程は個人、家庭、社会の間での様々な調整や決定の連続であり、各家庭の世界観が端的に表れる。ここでは、この教育についての調整や決定を、生活ニーズを商品調達によって充足させるという仕組みに当てはめながら検討する。この検討を通して、各家庭の教育観の様相を描写考察し、在タイ日本人の生活の一端を明らかにしたい。

5.2　先行研究

5.2.1　在外日本人の生活と国際結婚研究について

　日本と異なる環境下で生活を送るにあたって、商品調達に象徴される生活ニーズの充足は大きな課題となる。久保らは、流通論の立場から物流が制限された環境下での商品調達のあり方について、タイおよびベトナムの日本人子育て家庭における買い物行動の特徴を事例に、商品調達についての語りを分析することで、各家庭の経済力、社会関係資本、居

住地の商品供給の充実度合いなどと、それらへの語り手の評価の関係を考察した（久保ら［2017］）。同研究では商品調達の意思決定を規定する要因の一つとして「現地選好度（居住地とのつながりのあるもの（・こと）を肯定的に考える程度）」という概念を用いることで、企業派遣者のように必ずしも本人の意志による移動ではない者と、現地採用者や現地で起業した者のように積極的な意志で現地に在住する者の間で、商品調達の考え方や調達の成否に対する満足度が異なることが示唆された。必ずしも派遣元企業による充実した調達支援がある者の満足度が高いとは限らないという指摘だ。このような知見は、移住の経緯と生活の充足感を結びつけている点で、現地での生活を選好する形で海外へ移動する日本人を対象とした一連の研究と近いといえよう（佐藤［1993］, 山下［1999］, 藤田［2008］, 松谷［2014］など）。

　近年はこのように精神的な充足感を求めて移動する「ライフスタイル移民」と国際結婚を結び付けて考察する研究も出てきている（ニ ヌンガー［2014］）。丹羽・中川の調査では、バンコク在住の日本人若者には、タイで生活をしたいがゆえにバンコクで現地採用の仕事を選択した者が多いのが特徴的で、タイでの生活にも満足している傾向が高く、既婚者の多くがタイ人と結婚していたという（丹羽・中川［2015］）。タイ生活選好の帰結として国際結婚はひとつの典型といえるのだろう。その一方で、蔵本は、国内外のデータベースを駆使し100年以上の期間を対象に先行研究を概観し、「国際結婚並びに異人種異民族間カップル」分野の課題として、結婚生活に影響する様々な属性の影響を検討するべきだと主張し、例として収入の高低のような家庭の経済力や住んでいる地域の発展度などをあげている（蔵本［2017］）。

5.2.2　経済学的視点からの教育研究について

　教育学の分野においては、子育てにおける教育の必要性・重要性は自明のものとされ、経済学的視点からの議論は活発ではなかった。しかし、新自由主義的競争原理の広がりとともに日本でも教育の新たな見方が提

供さ]れるようになっている（荒井［1995］,小塩［2003］）。

　なかでも近年、注目を集めているのが教育の商品化論である。瀬尾ら［2015］は、Heller［2003］やPillerら［2010］を参照しながら、「『商品化』とは,ある物や活動が経済的行為や社会的地位と結びつき、価値を持つようになること、『消費』とは、対価を支払い、それらを手に入れ、欲望充足やアイデンティティ構築のために費やすこと」と定義している。ここでいう「商品」と「消費」の関係は、交換可能な財やサービスを入手して便益を得るという点では一般的な経済学上の議論の理解と共通する。しかし、前提としている商品に、教育のような継続的行為や言語のような無形の体系を含む点、単に便益を得るだけではなく、アイデンティティの構築も消費の概念に含めることで考察の対象としている点に概念の広がりをみることができる。つまり、瀬尾らの定義する「商品化」と「消費」という観点に立てば、在タイの日タイ国際結婚家庭では、日本語教育や日本語という「商品」を、子どもの将来の経済活動の可能性を広げる人的資本蓄積のための投資という側面（Becker［1975］）はもちろんのこと、商品の調達の結果、親子の連続性を軸にしたアイデンティティの構築という形で「消費」しているとみることができる。このような教育上の選択の考察に商品調達という視点を含めることで、在外邦人の教育観についての新しい知見を得ることができるだろう。

5.3　日タイ国際結婚と日タイの両親を持つ子どもたち

5.3.1　日本人の国際結婚における日タイカップル

　厚生労働省の人口動態調査[注1]によると、1995年以降に国内外で届けられた日本人の婚姻総数のうち「夫妻の一方が外国籍」の割合は、2006年にピークを迎え、その後は緩やかに低下し2013年から2014年を底に、ここ近年はとやや上昇しているように見える。日本人の婚姻総数は1995年の約77万件から2017年の約62万件へと急減してい

注1　厚生労働省「人口動態統計」「保管統計表（報告書非掲載表）」『人口動態調査』

るが、国際結婚の数はあまり連動しているように見えない。ただし、国外で届けられた婚姻の件数は国内よりも減少傾向が小さいため、在外公館で届けられる結婚の割合は2006年18.9%から2017年30.3%へと存在感を増している。

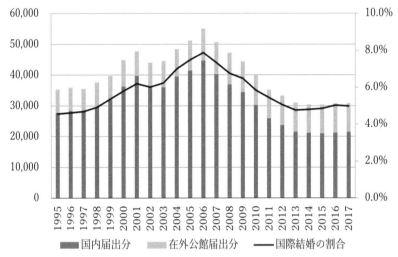

図表5.1　届出先別国際結婚件数と総婚姻数に占める国際結婚の割合（1995-2017）

出典：厚生労働省人口動態調査（1995-2017）から筆者作成。

　相手国の国籍は2017年のデータによると上位から中国（6,896件）、韓国・朝鮮（4,343件）、フィリピン（4,121件）、米国（3,488件）、タイ（1,276件）、ブラジル（988件）、英国（664件）、ペルー（244件）となっている。この内、在外に限ってみてみると、米国（2,181件）、中国（963件）、韓国・朝鮮（817件）、英国（384件）、ブラジル（372件）、フィリピン（276件）、タイ（262件）、ペルー（15件）となっており、相手国によって、届出地（≒居住地）の傾向が大きく異なることが分かる。

注2　在外公館への届け出分は必ずしも配偶者側の国の公館とは限らず、第三国の場合も含まれる。

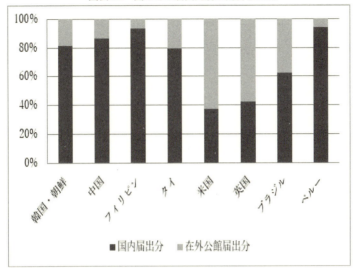

図表5.2 国ごとの届出先別の割合（2017）

出典：厚生労働省人口動態調査（2017）から筆者作成。

　日タイ国際結婚をみると、総数1,276件中、届出国に日本を選んだ家庭が79.5%（1,014件）で、内訳をみると夫日本人・妻タイ人のケースが圧倒的（974対40）に多く、在外公館に届出た家庭は20.5%（262件）で、夫日本人・妻タイ人のケースの方が多いが比率の差は日本に比べて小さくなっている（188対74）。この割合は他のアジア諸国に比べると若干高く、他国との国際結婚家庭に比して相対的にタイを居住国に選んでいる家庭が多いことが伺われる。

日タイの両親を持つ子どもたち

　日タイの両親を持つ出生数（子どもの数）は2017年度に669人で、そのうち282人が在外公館での届け出となっている。同年に在外で結婚を届けた者の割合が20.5%であったのに対して、在外に出生を届けた者の割合は42.0%と顕著に異なっており、日タイ国際結婚家庭の子育てを考える際の在タイ者の存在感が際立つ。また、1995年からの累

積数は2万人を超え、そのうち在外での届け出数は6,949人となっている。日タイ以外の第三国での出生、出生後の移住、生活の本拠がタイにありながら出産から届け出の時期を日本で過ごしたりする場合などもある。しかし、現在もタイを生活の本拠としている者の数を考える際の参考にはなるだろう。タイの在住日本人数が7万人程度ということを考慮すれば、そのうちの最大10%程度が、日タイカップルの子どもと考えられる。タイで日タイカップルの子育てが関心を引きやすい状況にある事がわかるだろう。

図表5.3　届出先別日タイの両親を持つ子どもの数（2017）

届出国	日本	在外公館	合計
父日本・母タイ	311	225	536
母日本・父タイ	76	57	133
合計	387	282	669

出典：厚生労働省人口動態調査（2017）から筆者作成。

図表5.4　届出先別日タイの両親を持つ子どもの数の推移と累積数（1995-2017）

	日本で届けられた数	在外公館で届けられた数	各年合計	累積数
1995	873	260	1,133	1,133
1996	861	290	1,151	2,284
1997	911	258	1,169	3,453
1998	910	258	1,168	4,621
1999	885	229	1,114	5,735
2000	813	275	1,088	6,823
2001	807	259	1,066	7,889

	日本で届けられた数	在外公館で届けられた数	各年合計	累積数
2002	752	288	1,040	8,929
2003	710	260	970	9,899
2004	656	319	975	10,874
2005	598	302	900	11,774
2006	587	330	917	12,691
2007	612	364	976	13,667
2008	537	369	906	14,573
2009	509	364	873	15,446
2010	478	344	822	16,268
2011	477	308	785	17,053
2012	405	336	741	17,794
2013	425	309	734	18,528
2014	432	319	751	19,279
2015	462	343	805	20,084
2016	394	283	677	20,761
2017	387	282	669	21,430
合計	14,481	6,949	21,430	

出典：厚生労働省人口動態調査（1995-2017）から筆者作成。

5.4　調査の概要

インタビュー対象者の条件は 1）タイ人と国際結婚し、2）タイでの子育て経験があり、3）現在もタイ在住とし、筆者の渡辺を起点にスノーボールサンプリングによって選定した。インタビュー実施の期間は、2017 年 2 月（2 名）と 2017 年 7 月（8 名）で、合計 10 名（男女各 5 名）にフォーマルインタビューを行った。男性はすべて個別インタビュー、女性は 1 名が個別、その他はグループインタビューであった。インタビューの参加者の年齢は 20 代後半から 50 代で、子どもの年齢は 2 歳から 28 歳まで、在住経験は 10 年から 35 年であった。一般に、スノーボールサンプリングの特徴として、サンプリングの対象者が紹介者の人間関係を反映しやすい点があげられるが、本調査でも、著者の属性を反映してか、結果として対象者にはいわゆる中間層、ミドルクラスの人々が多く、ほぼすべての対象者が何らかの形で働いており、在タイ初期は現地採用のような形だったが今は自営であるという人も多かった。

5.5　インタビューの分析

5.5.1　在タイ日タイ国際結婚家庭について
自分の思いを実現できる場としてのタイ

今回の対象者はすべてタイ人と国際結婚をした日本人であるが、来タイ、結婚の経緯には大きく二つのパターンがあった。ひとつは第三国での留学中に出会い、結婚を視野に「外国生活への漠然としたあこがれ」から来タイを決めた者たち、もうひとつはバックパッキングや仕事のために来タイし、その後配偶者と出会い結婚した者たちである。日本で出会い何らかの事情でタイに移り住んだという事例はなかった。タイで配偶者と出会った者たちは多くが仕事を通してであった。

このように今回の対象者は、自分の思いを実現出来る場としてタイをとらえ、積極的にタイを選んだという点は共通していた。また、生活す

る中でタイ社会における日本への好意的な視線が指摘されることもあり「タイは日本人にとって難易度が低い」といった言及もあった。日タイ国際結婚家庭では、タイを居住国に選ぶ例が他国出身者との国際結婚家庭に比して多かったが、このようにタイ社会で生活すること自体を魅力的に思う層が一定数いるということも影響しているのだろう。

寛容な国際結婚者への視線

在住者へのインタビューでは、タイ社会が国際結婚全般に対して寛容だという言及が多くなされた。理由として、中華系タイ人が社会の中枢を担っており異民族の包摂が特殊な事例として認識されにくいこと、タイ社会では自分の社会階層以外の者と結婚することが少ないが、外国人はこの社会階層の枠の外に置かれており、国際結婚が（特にタイ人女性にとって）階層移動の手段として機能しやすいのでは、といった趣旨の指摘があった。タイの経済発展と日本経済停滞の結果、日タイの一人当たりのGDP差は年々縮小しているものの、いまだに社会経済的に優位な者との上昇婚（hypergamy）の対象として日本人男性がとらえられているという側面があるのだろう。

このように日タイの経済格差を背景にすればタイ人女性側からみれば日タイ国際結婚は上昇婚と理解されがちな一方で、日本人女性の側からみるといわゆる上昇婚ではない国際結婚をする者もいる。ニ ヌンガー［2014］はバリ島の男性と国際結婚した日本人女性の事例を、日本で得られない充足感を求めるライフスタイル移民として論じているが、これに類する経緯のものもいた。

タイにおける日タイカップルは、タイ人女性にとっての上昇婚という理解をしがちではあるが、統計にも表れているように妻日本人・夫タイ人のカップルも相当数ある。ライフスタイル移民のような結婚はもちろん、アメリカ留学中に出会い社会経済的地位の高い家族と結びついた例など多様な結婚経緯がある。このようにタイ人女性にとっての上昇婚を想起させる例だけでなく、多様な日タイ国際結婚の形があるという要素

もタイ社会における日タイ国際結婚カップルへの寛容な視線に関係しているのではないだろうか。

タイ社会理解への強い自負心と現地選好の程度

今回の対象者のすべてが在タイ経験10年以上であった。なかには一時日本に長期帰国（2年程度）していた者もいたがほどなくタイに戻ってきている。しかも、全員が子育てを始めてからはほぼすべての期間でタイ在住を続けている。この経験からくるタイ社会理解に対する強い自負心を感じることができ、多くの対象者から長期滞在していることによって理解や対タイ感情が変化していくという事が頻繁に語られた。来タイの経緯が自分の意志か否かは重要な点であるが、あくまで出発点である。すべての自発的来タイ者が継続的にタイで生活するとは限らず、事実「タイ好き」の気持ちがさめてしまったり、仕事が不調となったりで、数年で帰国する者も多い。タイで配偶者と出会った者は結婚に先立って、タイでの生活を通した文化的な適応だけでなく、生活の維持が見込める程度の経済的成功体験があったからこそ、タイ人との国際結婚へと進んだと考えられる。

このようにタイ社会理解への強い自負心は「滞在が長い自分はエライ」という単純な自己肯定の意味よりも、生活条件の変化のたびに、タイ社会の新たな側面に出会い、そこでの経験を通して理解を深めてきたという認識から来ているようだ。実際に国際結婚をした者は時間的な長さはもちろんだが、タイ人との結婚生活、親戚づきあい、日タイ家庭の子どもを育てる経験などから、日本人のみの家庭でタイに滞在している者とは質的に異なる経験をするであろう事は想像に難くない。この自負心は自身とタイ社会との関係を肯定的に捉えていることの現れとして解釈でき、現地選好の背景にはこのような時間をかけたタイ社会の理解とそれへの肯定的な自己評価があると理解できるだろう。

類似化していく日タイ子育て文化

　今回の対象者の子どもの年齢は2歳から28歳と幅広く、比較的遠い過去の回想と現在の経験を対照的に聞くことができた。タイの伝統的子育ての特徴は親族ネットワークの強さにあるが、近年は都市化によって大きな変化が起こっているという。具体的には、市場化された子守や託児所などの利用の広まり、子育ての核家族化による母親の負担増加、「ケア」から「教育」への転換などがあげられている。

　これはインタビューの語りとも呼応しており、概して日タイの子育て文化の差は縮小しているようで、背景には都市化という生活環境の変化に加えて子育て商品の類似性が高まっていることが指摘できる。例えば20年前のタイでの子育ては、日タイの文化の差はもとより入手できる商品の差から日本同様の子育てをすることができなかったと振り返っている（「紙おむつ一つにとっても、その当時タイはまだ普及してないんですよ」）。これに対して現在子育て中の方々の焦点は、日本同様の物が「手に入れられるか否か」ではなく、「豊富な物の中から選ぶことができるか」に生活ニーズ充足の焦点が変化していることが見て取れる（「タイは一通り手に入るんですけど、粉ミルクとかは日本の方が種類も豊富ですし使いやすいですよね。おむつとかはこちらに日本のもあるので、それ使うって形ですね」）。

　また、日タイの子育て環境の類似化という点では、より直接的な影響を与えている事象として、日本の育児書がタイ語に翻訳され書店に並んでおり、このような本を夫婦で読んで子育ての方針を話し合った例もあった[注3]。日本の子育て文化がそのままの形でタイに輸出されていると理解できるだろう。

　しかしすべての点で、均一的に類似化が進んでいるわけではなく、現在も異なる点として指摘されたのは、食生活に対する（日本的観点から見た際の）「無関心」で、「日本では考えられない歳からコーラやコーヒーを飲ませる」「8歳になってもミルクを飲ませる」「甘いものを食べさせ

注3　代表的なものに日本でも広く読まれている明橋大二による『子育てハッピーアドバイス』シリーズがある。

る」、「離乳食はあまり食べさせることがない」ということがあげられ、食事の他にも日本流の「しつけ」という考えと異なり、子どもがやりたいことをやってあげる（「甘えさせる」）のがタイ式であると説明されることが多かった。また、母親たちの間では、タイ人夫の家事や子育てへの貢献度の高さが共有されていたが、父親たちの間では仕事の忙しさから子育てに十分に参加できていないという語りが多くなされていた。このような家庭内での役割分担期待の異なりも日タイの子育て文化を対比する際の論点となるであろう。

5.5.2 タイにおける日本的教育商品調達についての語り
モノ・サービスの流通環境の急速な向上と教育環境の変化

　第4章で述べたように、現在バンコクでの日本的商品の流通状況はモノ・サービス共に高いレベルにある。しかし、教育商品の中でも抽象的な商品やサービスは特別な側面を持つと考えられている。日本語教育はその典型であり、日本的なアイデンティティ育成に不可欠なものとして語られることが多かったが、同時にタイ人向けと日本人向け（現地採用）の給与体系に3倍程度の差があることを理由に、日本語力をつけておくことは将来的に明確な利益が見込めるという点で有効な投資商品であるという認識が広く共有されてる。

　一方、教育商品のうち教材関係については、他の日本的商品と同様にここ20年で急速に入手困難性が低減していると認識されている。20年ほど前の回想では、教育テレビの録画や絵本を帰国時に大量に入手したり、日本にいる親戚縁者などにまとめて送ってもらったりしたという話が頻出していた。しかし、現在はバンコクにいながら日本の書籍を扱う大規模書店や古本屋もあり、日本のテレビ番組も時差なく自宅でみられるようになったためこれらの点が話題になることは少なく、日本大手の通信教育教材をバンコクでほぼ同時に手を入れて子どもに与えたり、日系の学習塾を利用したりすることも可能である。生活用品と同様にとにかくニーズが満たされればよいという状況から、満たし方やその質に

焦点が移ってきており、日本との教育環境の差は縮小している。しかし、その一方でこれらの商品の入手に一定の経済力の裏付けが必要であることは言うまでもない。日系書店は割高ということで敬遠し、インターネット上で入手できる無料教材を駆使している人や、年齢の比較的高い子どもにはタイ人向けの日本語教材の利用が有効であるという意見もあった。教育商品の特徴として、学習塾のような高額な対面授業の購入とインターネットからの無料教材（ドリルやYouTube上での授業など）の入手と金銭的には両極の事例が見られたのは興味深い。また近年は、日本の実家とスカイプやLINEをつないで頻繁に話をして日本語の刺激を与えるという試みもしばしば聞くことができた。

　第6章では、ベトナムの日本人家庭が、純粋な市場取引とは異なる調達手段を用いて、必要な子育て商品を入手していることを論じている。国際結婚家庭で、子どもが日本語を使って遊べるようにと、定期的に集まっている子育てサークルなどがこれにあたるだろう。教育関係の商品も、一般的な子育て用品と同様、在住日本人家庭の在住の理由、経済状態に加えて、在住社会とのつながりの度合いなども視野に入れて考察する必要があるだろう。

教育商品調達としての学校選択

　教育上の決定を商品の調達とみた際に、金額、期間の長さ、現在および将来の生活への影響の大きさのいずれの点でも、最大かつ象徴的な決定は学校選択といってよい。学校選択については、他の商品と異なり語りの焦点が20年前とあまり変化がないようであった。学校という教育サービスの選択は、学習・通学の意思（低学年の場合には特に親の）、能力に加えて、経済状況も極めて重要な規定要因となる。主要な選択肢として、現地校、日本人学校、インターナショナル校はそれぞれ以下のように認識されていた。

　まず、現地校には公立校と私立校があるが、公立校の教育への不信は極めて強い。今回の調査では現地校の場合には、すべて私立校が選ばれ

ていたが、それでも金銭的には最も安価と認識されていた。私立校は規模や程度にも幅があるが、選択の際には英語教育の充実度が重視されることが多い。英語が話せるようになることは、タイ社会での社会経済的階層の維持・向上のために必須と理解されているためだ。一方で、どの現地校でも日本語を学習する機会は非常に少ないため、日本語教育は家庭で限定的な形で行われることになる。母親が日本人の場合には子どもと過ごす時間が相対的に多いため日本語の獲得がしやすい反面、父親が日本人の場合には日本語の習得はきわめて難しいようだ。

　日本人学校は、日本的アイデンティティを担保するには理想的な環境と理解されているものの、駐在員家庭の子女のように帰国前提の者が優先で、高額かつ入学時に一定程度の日本語力が求められるため国際結婚家庭は入学が難しいとされている。また、入学したとしても、PTA活動にタイ人の配偶者はついて行けない、中学校卒業後の進学が心配といったことが選択にあたっての障害と考えられている。ただ、日本人学校への通学が軌道に乗れば日本語や日本文化などの教育についての心配はなく、バンコク在住の日本人（あるいは「日タイハーフ」）ネットワークを構築できることなどが利点として考えられている。

　インターナショナル校は特に金銭的負担が大きいという文脈で語られることが多い。年間の学費は30万円から300万円程度のところまで幅があるが、実際には50万から100万円程度の学校が選ばれていることが多いようだ。学費の高い学校は「会社から補助の出る駐在員でないといけない」、「二人子どもがいたら無理」などといわれる一方で、安価な学校は「タイインター」といわれ「タイ人ばっかりのなんちゃってインター」と避けられていた。いずれにしても、インターナショナル校は英語習得の「手段」としてとらえられており、日本語教育がアイデンティティという点で重要ではあるものの付加的な資本獲得への投資とも考えられていたのに比して、英語習得は子どもの将来の基礎的な社会経済的な資本になると強く信じられていた。

　小学校以上では、比較的金銭的に余裕のある層は、日本人学校や中程

度のインターナショナル校に通わせることが多く、家庭の経済力が選択の規定要因として大きいことを伺わせる。また、小学校は日本人学校、中学校からはインターナショナル校と、学校を変える場合もある。そのため、現在の選択が最終的なものとは限らないことに注意しなければならない。学校選択は一度の決定で完了する性質のものではなく、常に意識され続けていくような問題なのである。

5.6　考察：モノとサービスからみた教育商品

インタビューからみえてきたのは、まずここ20年の間に対象者の居住するバンコクで加速度的に商品の取りそろえが改善したため、「在外」ということによる商品調達の困難性が相対的に低減し、商品調達の程度に対する満足度も高まっていることである。同時にインタビューの対象者が、この変化の中での結婚・子育てによってタイ社会との関係と理解を深め現地選好の態度を強めていっている様も観察された。これは生活の満足度と現地選好の程度と関連しているという見方（丹羽・中川［2015］、久保ら［2017］）と通底している。本研究における現地選好の態度と調達の成否に対する満足の関係をあえて単純化して示せば、現地に根を張った在住者、とりわけ国際結婚を経て子育てをしている者は、生活に関わるモノやサービスを現地向けの商品で代替することに柔軟で、その自らの柔軟な態度に肯定的な評価を示す傾向が強いということになろう。

第7章で論じられているように、子育て商品調達の特徴には、子どもにとっての価値を親が推し量りながら満たしていくという側面がある。インタビューでは、安全・安心の希求という観点からも以前は日本的商品へのこだわりを持つ者もいたが、現在は日タイの子育て文化の類似化や現地商品の品質向上などもあり、日本的商品に高い信頼を寄せながらも、必要性、タイミング、価格的制約などを勘案して、商品ごとに日本的商品と現地製品での代替から選択的戦略的に判断をしているこ

とが明らかになった。具体例をあげれば、子どもに服を着せるという必需を満たすために、日本から取り寄せる、タイのユニクロで買う、タイの地元の市場で買う、先輩子育て家族にもらうなどの手段を、親の経済力、利便性、感性などに基づいて選択するという構造にある。ここからは、子育て商品のニーズは「日本と同等であること」が基準となり、そのニーズを調達手段の制約される中で（代替も含めて）どの程度補完しながら充足できるのかという枠組みで商品調達が考えられていることがわかる。これは生活商品全般について顕著であったが、教育に関する商品についても、教材などのモノ的要素の強い商品については類似の反応が見られた。

　一方、教育サービスの調達に関しては、日本のテレビ番組の配信によって子どもに日本文化を手軽に感じさせることができるようになったという言及はあったものの、20年前の回想と現在の語りの構成は共通して、「タイで日本的要素をどの程度どのように教育するのか」であった。教育サービスという商品の選択は子どもの人間形成に不可逆的な影響を与え得る。その一方で現地選好の程度はタイ人として育つ子どもへの受容の程度にもつながっている。つまり、教育サービスという商品のニーズは、どのような人間として育ってほしいのかという子どものアイデンティティ育成と言い換えることができる。これを「ニーズを商品調達によって充足する」というモデルの中で考えると、モノのニーズは日本と同等であることで完全に満たされるが、サービスについてはそもそも日本と同等（「日本人」になる）が目標ではなく、各家庭の教育ニーズが多様であるため、充足の形も多様となる。つまり一部の商品の調達がきわめて限られている在タイの日タイ国際結婚家庭も、教育ニーズのあり方によっては、教育選択という点において必ずしも弱者とは限らないのだ。このようにタイの国際結婚家庭の教育観が多軸的に構成されていることがわかるだろう。

5.7 まとめ

今回の調査によって、まずタイ在住の国際結婚家庭では、「タイで暮らしていく」という思いを基礎に、現地で手に入るモノ・サービスに充足感を持っている傾向が強いことが確認できた。過去に日本商品は高品質という側面が強調されて理解されてきたが、近年の流通の発達、現地商品の高品質化を経て、現在は日本的商品消費の日本的アイデンティティ構築・維持、さらには将来への投資という側面が強く意識されるようになっていることがわかった。しかし、このような人たちの間でも、日本的アイデンティティにかかわる教育の必要性は強く認識されていたが、高価（あるいは時間がかかる）になりがちと考えられて認識されていた。また、タイで子育てすることは、子どもを「英語教育が容易なインターナショナル校」でグローバルに育てるにはむしろ好都合という考え方もあった。英語は日タイ両語よりも投資価値として優るという認識が広く共有されており、英語を日タイ語の上位に置くことで日タイ文化の対立が生じにくい構造になっているようだ。

教育商品のニーズは家庭の置かれている社会環境や経済状況、子どもの成長によっても変化する。そのため日タイ両国の言語や文化教育、そして英語教育などの最適な組み合わせを長期的な視点に立って適時組み替えながら充足しなければならない。そのためニーズの充足状況に対する評価も現状認識の場合と回想の場合で異なることも考えられるが、インタビュー中の語りでは子どもの成長を肯定する形で変化しているようにもみえたことは指摘しておきたい。

［付記］本章は、以下の論文に加筆・修正したものである。
渡辺幸倫、久保康彦［2018］「タイ王国における日タイ国際結婚家庭の教育観：教育商品調達についての語りから」『相模女子大学紀要』No. 81、pp.1-19。

参考文献・資料

Becker, S. G. [1975] *Human Capital: A Theoretical and Empirical Analysis, With Special Reference to Education*, Second edition, National Bureau of Economic Research,（佐野陽子訳『人的資本--教育を中心とした理論的・経験的分析』東洋経済新報社, 1976年）

Heller, M. [2003] Globalization, the new economy, and the commodification of language and identity. *Journal of Sociolinguistics. vol.* 7（4）, p. 473-492.

Piller, I.; Takahashi, K.; Watanabe, Y. [2010] The dark side of TESOL: The hidden costs of the consumption of English. *Cross-Cultural Studies. vol.* 20, p. 183-201.

荒井一博 [1995]『教育の経済学』有斐閣。

小塩隆士 [2003]『教育を経済学で考える』日本評論社。

久保康彦、渡辺幸倫、鈴木涼太郎 [2017]「在外邦人家庭の子育て商品調達の特徴 - タイ・ベトナム在住者を中心に-」日本生活学会第44回研究発表大会（亜細亜大学）2017年5月21日。

蔵本真紀子 [2017]「異文化間夫婦に関する文献レビューとこれからの展望」『青山学院大学教育人間科学部紀要』vol. 8, pp. 91-107。

佐藤真知子 [1993]『新・海外定住時代―オーストラリアの日本人―』新潮社.

瀬尾匡輝, 瀬尾悠希子, 米本和弘 [2017]「日本語教師はどのように教育の商品化を経験しているのか」『言語文化教育研究.』vol. 13, pp. 83-96。

ニ ヌンガー・スアルティニ [2014]「国際結婚における変化とライフスタイル移民の出現 インドネシア・バリ島に移住する日本人女性の事例から」『文化 = Culture』vol. 77（3・4）, pp. 226-212。

丹羽孝仁、中川聡史 [2015]「日本人若者が働くバンコクは「天使の都」か [日本企業のグローバル化と若者の海外就職2014年秋季学術大会シンポジウム]」『地理科学』vol. 70, No. 3, pp. 157-167。

藤田結子 [2008]『文化移民』新曜社。

松谷実のり [2014]「現地採用移住の社会学的研究序説: グローバル化時代の多様な移住経験」『京都社会学年報』vol. 22, pp. 49-69。

山下晋司 [1999]『バリ―観光人類学のレッスン』東京大学出版会。

第6章
在ベトナム邦人子育て家庭の商品調達における「弱い紐帯」の役割

6.1 はじめに

　本章では、ベトナムで暮らす子育て中の日本人家庭を買い物弱者と位置づけ、その商品調達の在り方を分析する。なかでも、在外生活において市中の小売店での購入などマーケットによる調達を補完する、友人や知人への購入依頼など人的ネットワークによる商品調達に焦点を当て、その論理と役割について考察する。そして最後に、このような作業から得られる買い物弱者問題一般への示唆を簡単にまとめることとしたい。[注1]

　第4章でも触れたように、東南アジア各都市での日本的商品の買い物環境については、近年目覚ましい発展がみられるが、子育て商品については、邦人家庭にとって悩みの種の一つである。もちろん金銭的な問題が全くないのであれば、近年進出するイオンモールをはじめとした日系流通企業の店舗で日本の数倍の価格で購入することもできるが、それですべてをまかなうことができる人々は限られている。しかも、それらの店舗にしても品ぞろえが日本と全く同じというわけではない。したがって、満足いく子育て商品をそろえるためには、日本での子育てとは

注1　本章では、両親共に日本人の家庭のほか、両親のいずれか一方が日本人の家庭も含め子育てに日本出身者がかかわる家庭の総称として「日本人子育て家庭」とする。

異なるやりくりの方法が必要とされるのである。ではベトナムで暮らす邦人子育て家庭は、実際にどのようにして必要な子育て商品を調達しているのであろうか。それを検討する際に重要となるのが、先述の人的ネットワークを介した商品調達である。以下、本章の議論の土台となる理論的基礎とインタビュー調査の概要について整理したうえで、ベトナムで暮らす邦人子育て家庭の事例について検討することとしたい。

6.2　商品調達をめぐる諸議論と在外子育て家庭

　これまでの買い物弱者による商品調達に関する研究においては、社会学や福祉政策、経済学など複数のアプローチが存在してきた（岩間［2011］）。それらは相互に関連しつつも、異なる視点を有しているが、本章では主に経済学的な視点、とくに取引費用をめぐる議論を参照しながら考察を行う。取引費用とは、取引制度を利用する場合に生じる費用であり、具体的には、取引相手の「探索」「交渉」「締結」「監視」にまつわる費用である。なかでも本章の研究対象に関連して確認しておきたいのは、取引費用のなかで探索と交渉にまつわる費用である。交通インフラの未発達や小売店の不足などによって買い物弱者に位置づけられる人々は、自らが必要とする商品の調達を市場を介した純粋な経済的取引で行うためには、多大な費用を払わなければならない。在ベトナム日本人子育て家庭においても、商品を販売する小売店の不足や交通インフラの不備など市場での調達には制約が存在している。

　一方でこのような取引費用を考慮した場合、スポット的な市場取引に代替する商品調達の在り方として議論されてきたのが、ウィリアムソンによる企業を想定したハイアラーキー型の調達という視点である（Williamson［1975］）。彼が指摘するのは、財やサービスの特性によって市場取引における取引費用が高くなることが想定される場合、長期安定的な組織的取引関係のほうが、短期的には有利に思えるスポット的取引より適切な状況が存在するということである。このような純粋な市場

取引による商品調達(マーケット型)と組織的な調達(ハイアラーキー型)をめぐっては、国内外を問わずさまざまな議論が蓄積されてきた(Arndt[1981], Thompson[1991], 阿部 [1993], [2006], Powell[2003], 久保[2009], Coase[2012])。

　さて、これらの議論を在ベトナムの日本人子育て家庭に当てはめるのであれば、以下のように整理されるだろう。まずマーケット型の調達手段は、文字通りベトナムにある小売店から必要な商品を購入する場合を意味する。現在のベトナムでは日系の流通業の進出もあり、市場で必要な商品を入手することは不可能ではない。しかし同様の商品を日本で入手するのに比べると、取り扱う店舗の数が限定されているため、必要な商品を購入するために市中を探し回らなければならず、さらに店舗へのアクセスも含め多大な費用を払う必要がある。言い換えれば、日本国内で子育て用品を調達するのに比べて、探索にかかわる莫大な取引費用が生じるのである。

　それに対し、ハイアラーキー型の調達に該当するのが、企業における福利厚生の一環として、海外駐在家庭に一定の金額内で定期的に日本から希望する商品が配送するシステムである。このシステムを利用した場合、商品のバラエティや購入のタイミングは限定されるものの、必要な商品が自宅に届くという意味で、商品探索のための取引費用の問題は軽減され長期安定的な商品調達が可能となる。いわば買い物弱者としての邦人子育て家庭に用意されているのは、流通が限定的なベトナムで商品を必死に探し回る労力をしてでも自らが望む子育て用品を手に入れるのか、必要な時に手に入れることはできず最適品ではないかもしれないが、時期が来ればそれに近いものを手に入れることができる配送システムを利用するか、という選択肢なのである。

　ただし、いずれにせよ物流が制限されたベトナムにおいて在外子育て家庭は、上記のいずれか一方のタイプの流通経路のみで希望する商品すべてを調達することは困難である。そこで本章では、商品調達に困難を抱える買い物弱者である在ベトナム邦人子育て家庭が、これらのマー

ケット型/ハイアラーキー型双方の調達方法を必要に応じて適宜組み合わせたり、あるいはそれ以外の調達方法を用いたりしながら、必要な子育て商品を購入していることを想定することとしたい。

6.3　研究の対象と方法

6.3.1　調査の方法

　ベトナムでの子育て商品調達の実態を明らかにするために、本研究では日本人家庭を対象とするインタビュー調査と、日本的子育て商品を販売する流通・小売業での観察およびヒアリング調査を行った。

　インタビュー調査は、2016年2月、2017年2月、2017年9月に北部の首都ハノイ市、2016年9月に南部の中心都市ホーチミン市にて、子育て中の日本人合計22名への調査を行った。いずれの都市も在外邦人が多数居住する地域である。インタビュー調査は、対象者の属性や事情に応じて3、4人のグループまたは単独で行っている。参加者の年齢は20代後半から40代で、その子供は2歳から中学生、在住経験も半年ほどから10年と一定の幅を持った層である。ベトナム滞在の経緯も、企業の駐在として家族一緒に赴任した場合、あるいは単身で来越し日系企業の現地採用を経てベトナムで配偶者を得た場合、日本で日本人以外と結婚し、欧米諸国での生活を経てから来越した場合などさまざまである。

　このほか、子育て中ないし子育て家庭とも親交のある在外邦人にもインタビューを行い、一般的な日本的商品の購入状況についてもデータを収集した。グループならびに個人の参加者には、半構造化インタビューを行い、子育て商品に関連した質問項目の一部について事前に伝達した。また、各都市における流通・小売業の調査では、子育てに必要な日本的商品を扱うスーパーマーケットやショッピングモールなどを主たる対象とし、そこで販売されている商品の種類や価格などについてデータを収集した。

6.3.2 調査対象家庭の基本的特徴

　インタビュー調査の結果、研究対象となった邦人子育て家庭の基本的な特徴がいくつか明らかになった。まず確認されたのは、異なる属性を持った人々を対象にしたものの、ベトナム国内で調達困難な子育て用品は、ほぼ共通のものが挙げられるということである。なかでも多かったのは、紙おむつ、粉ミルク、離乳食（材）、各世代の子供服や靴、日本語の絵本や学習教材、玩具類、子供用歯ブラシなどの洗面用品、風邪薬をはじめとした医薬品などである。子供服に関しては、ベトナム現地の製品が豊富にあるものの、素材やデザインなどにおいて日本人家庭の嗜好に合致するものがなく、とりわけ肌着については綿100%のものがほとんどない、という理由であった。また、学齢期の子どもの場合、日本語学習のためのノートや参考書類をはじめ、さまざまなものがベトナムでは入手困難であることが指摘された。日本人学校に通う場合、上履きの着用や、学年に応じた数のマス目の漢字練習帳など日本と同様の準備が求められる。もちろん、ベトナムでも横書き罫線のノートは入手可能であるものの、これら日本独特の教育用品は入手困難なのである。

　次に上記とも関連するが、すべてのインタビュー参加者が、日本製品に対する信頼やこだわりを有しているということである。たとえば紙おむつの場合、ベトナムメーカーより欧米メーカー、そして日本メーカーのほうが好まれるのはもちろんだが、同じ日本のメーカーであっても、東南アジアの工場で現地向けに生産されているのものではなく、日本の工場で日本市場向けに生産されている製品が好まれる。手触りや丸めて捨てる時のテープの有無など、同じメーカーであっても日本で流通する商品の品質の高さについて多くの参加者は口にしていた。また、インスタント食品やスナック菓子類についても、日本メーカーであっても東南アジア現地法人の製品ではなく、あくまで日本の工場製にこだわって購入している家庭もあった。衣料品については、洗濯を繰り返しても型崩れせずキャラクターのプリントなどが劣化しないという点において、日本製品への信頼は絶大であった。

一方で、在ベトナム邦人家庭の多様性も確認できた。なかでも本研究において重要なのは、来越の経緯やベトナム文化に対する関心が、商品調達の方法や現状に対する満足度に大きな影響を与えているということである。駐在家庭であっても、官公庁と民間企業、民間企業であっても企業規模の大小によって経済状況や利用できる調達手段に違いがある。また駐在員として赴任した場合と現地採用の場合、日本人同士の結婚か、いずれかがベトナム人であるかどうか、さらにベトナムでの滞在年数の違いによっても差異が存在する。これらの違いによって、たとえ調達している商品のバリエーションが同一であっても、それに満足するか否かは、各家庭によって大きく異なる。必要な商品すべてを日本製品で満たすことを希望するのか、それとも代替可能な商品はベトナムをはじめとした東南アジア製品で代用することで満足するのかも異なっていた。単に日本製品を入手するだけでなく、それらを好みに応じて「比較しながら選ぶ」ことを希望する人がいる一方で、むしろベトナムで入手できる製品で必需品をやりくりしたり、ベトナム流の育児法に適応することに積極的な意味を見出したり、日本とベトナムの育児に対する価値観の違いを理解することで商品調達の困難を解消しようとする意見も存在していた[注2]。

　とはいえ、今回のインタビューの参加者は、我々が示した在ベトナム邦人子育て家庭を買い物弱者と位置づける視点に対し、全員が共感していた。しかし、その「弱者であること」を規定しているのは、客観的な基準において「何が調達できて何が調達できていないか」ではなく、当事者がベトナムの流通・小売環境を相対的に日本と比べて「商品調達が困難な場所」ととらえているか否か、ということなのである。

　以下では、インタビュー調査の結果をもとにして、在ベトナム邦人家庭の子育て商品の調達、とくにの知人への依頼や在住者間の交換のあり方とその論理について考察することとしたい。

注2　このようなベトナムに対する印象や適応度、すなわち現地選好度が商品調達に及ぼす影響については、第5章を参照。

6.4　親族や友人への依頼とバザーの重要性

6.4.1　親族や友人・知人への依頼

　第4章でまとめたように、ベトナムにも日系流通企業の進出は目覚ましく、子育てに必要な商品を市場で調達することはある程度可能である。しかし必要な品全てが流通している訳ではなく、取引費用の高さもあり、市場での調達は限界が存在している。そこで子育て家庭で広く利用されているのが、ベトナムを訪れる親族や友人・知人に必要な物品を届けてもらうという方法である。事前に希望する商品を伝達して購入してもらう場合もあれば、ネット通販で豊富な商品の中から好みのものを選択し、届け先を実家に指定することで、届いた荷物をそのまま親に運んできてもらう場合もある。また、会社の同僚が業務で一時帰国する際にも同様に、必要な商品を購入してきてもらうこともある。この方法であれば、日本で販売されている好みの商品をベトナムにいながら入手することが可能となる。たとえばインタビューにおける以下のやり取りは、このような方法がいかに重要な役割を果たしているかが理解されるだろう。

　質問者:結構やっぱり、頼み頼まれをやるんですか?皆さん同士で。
　A:頼みますね。頼まれるっていうより頼み込む(笑)。
　質問者:出張の人とか?
　A:そうです。
　B:会社とかだったら、そうだよね。
　A:はい。あのー、ある程度欲しいときに、タイミングで母親にお願いして買ってもらって、誰かが来るときに「この住所に送ってください」って言って。
　C:あ、そう、そう、そう、そう、そう、そう。
　B:一緒。一緒、一緒、一緒、一緒。
　A:一緒ですよね。

C:そう、そう、そう、そう、そう、そう、そう、そう、そう。
A:そうやって頼んで、その人が出張とかで戻って来られたときに、一緒に運んでもらう。

　もちろん家族や知人に購入を依頼すること自体は、子育て家庭でなくとも日常的に行われている。しかし、日本的な商品の流通が限定されており、かつ必需品が存在する子育て用品においては、この方法が果たす役割は相対的に重要なものとなる。別のインタビューでは、小学校で必要な「10マスの漢字練習帳」のみを大量にお願いしたというエピソードが、多くの参加者の共感を得ていた。また玩具類についても、両親が孫のためにクリスマスシーズンに届けてくれるのが本当に助かっているという家庭もあった。両親が定期的にベトナムを訪れているというある家庭では、先述のように事前にネット通販で商品を購入して実家宛に送付し、それを持ってきてもらうようにしているという。子育て商品の持ち帰りを依頼する相手としては家族が最も多く挙げられたが、母親同士のネットワークや職場の同僚に依頼したケースも多数言及された。[注3]
　この方法で商品を調達する際に問題となるのは、誰に何を頼むかということである。ベトナムを訪れる親族や友人にせよ、一時帰国する同僚にせよ、それぞれ自分自身の荷物もある訳で、希望する子育て用品を依頼することは、相手に対して負担をかけることになる。そのため、以下のやり取りから明らかなように、相手との関係は重要な要素となる。

A:親しい関係だったときに「今度帰るけど、荷物何かある？」って言って声掛けてもらったり。誰か帰るって聞いたら「これだけはほんとに今すぐ欲しい物だから、ちょっと申し訳ないけど」って言って頼んだりとか。

注3　さらに最近では職場のベトナム人スタッフから日本製品の購入を依頼されることも多いという。なかには日本人同士でも依頼がためらわれる粉ミルクを依頼されたという事例も参加者からは聞かれた。

質問者:では、プライベートなつながりのほうが強いってことですか。
B:そうですね。やっぱり同じ会社だとしても、言いづらい人っていたりするんで。仲良くてほんとに完全にプライベートでも気が合ったりとかする人だと「いや、すいませんけどお願いします」みたいなとか。逆に「何か持ってくる物ある?」って聞いてくれる人に、頼んだりとか。
C:聞いてもらったら、今度また自分帰るとき聞こうとかって思えるしね。持ちつ持たれつみたいなさ。

もっとも、親しければなんでも頼めるとは限らない。運んでもらう物の重量や大きさ、そして必需品であるかどうかといった点を考慮した場合、親しい友人だからといっても頼めるかどうか判断に苦慮する場合もある。たとえば粉ミルクや紙おむつは、大きさや重量の問題で、必要であっても依頼することがためらわれる商品の典型である。依頼できるかできないかが微妙な、いわば境界線上に位置する子育て用品として、今回のインタビューで複数の母親から言及されたのは、絵本をはじめとした教育用の書籍であった。

質問者:絵本を頼んだことはありますか。
A:親以外ないかな。
B:親以外にはない。
C:絵本、でも、そんなに重たくないよ。
A:でも、ねえ、やっぱり、そこまでっていう感じもあったし、なんか結構、ギリギリな感じですね。ま、頼めるか頼めないか。人によって。

子育て用品のなかでも、日本語で書かれた幼児用の絵本は、ベトナムで最も入手が困難なもののひとつである。市中の書店では全く販売されておらず、入手するためには日本から何らかの形で取り寄せるか、次節

で論じるバザーなどを利用するしかない。一方で絵本は、粉ミルクや離乳食、紙おむつと異なり、なければ生存を脅かされたり、極端に育児に困難をきたしたりする訳ではない。また1冊であれば重量はそれほどではないものの、コンパクトに折りたたむことは困難であり荷造りにおいて邪魔になる可能性もある。

　ほかの必需品であれば、多少重かったとしても背に腹を変えられず依頼することもある。しかし絵本が緊急に必要になる状況はないため、わざわざ他人に依頼することがはばかられる。そのため、依頼できるのは自分自身の親という最も近しい存在に限られるのである。

6.4.2　バザーやガレージセール

　家族や知人への依頼と並んで利用されているのが、バザーやガレージセールである[注4]。日越友好を目的に毎年開催されるイベントJapan Vietnam Festival、ベトナム日本商工会（JBAV）やホーチミン日本商工会（JBAH）が主催する各種イベントでは、出展の一部として在住者が不用品を持ち寄ったバザーがたびたび開催される。またハノイ国際婦人会（HIWC）などの国際組織でもチャリティーバザーが定期的に開催されている。そのような場では、おさがりの洋服などの子育て用品が出品される。このほか、ベトナムでは駐在家庭を中心に、不要になった物を処分するためのガレージセールも頻繁に開かれている。駐在家庭の場合、帰任が決まると多くの生活用品をこのような場で処分することが多い。これは、邦人家庭に限らず他国の駐在家庭も同様で、サービスアパートメントなどでは頻繁に行われており、個人単位で開催する場合もあれば、数家族が合同で行う場合もある。

　以下のやり取りは、ハノイ郊外のサービスアパートメントに暮らす日

注4　不用となった物品を廉価で販売したり交換したりする場をここではバザーと表現しているが、サービスアパートメントで暮らす他国の駐在家庭などでは、ガレージセールと呼んでいることも多い。今回のインタビュー参加者は、双方を併せて用いたが、比較的大規模のものをバザー、個人単位で小規模のものをガレージセールと呼ぶ傾向にあった。

本人の母親グループによるものである。商工会主催の大規模なバザーの重要性が話題に上った後、次のような話題になった。

A: あと、よく日本人が多く住む大きなアパートやマンションの一室とか会議室を借りて、そこに住んでる日本人たちが、何月何日に何時からここのマンションでやりますよっていうのもありますよ。情報が回ってきて掘り出し物を探しに行ったりとか。

B: 何人かのママが協力してとか。5~6人で開かれるときもあるし。帰られる方が1人で自宅でっていうときもあるし。

A: で、それ以外にも、あのー、私自身よくいただくんですけど、同じアパートの日本人の先輩ママたちから、「うちの子供の服もらってー」って言って、すごいたくさんいただいて。でも、日本の製品だし、日本の方はみんないい物を着せてるから。何人も着回しても、全然くたびれないから。

このような場は、日用品一般はもちろんのことだが、子育て商品の調達においても貴重な機会となっている。子育て用品の多くは、子供の成長に応じてサイズが合わなくなる。また玩具類も年齢に応じて嗜好が変化するため、不用となる品が存在する。バザーやガレージセールは、それらいまだ使用可能であるにも関わらず不用となった品々を流通させる場なのである。

バザーの開催については、商工会が主催する大規模なイベントなどでは、事前に広報誌や在住者向けフリーペーパーなどで広く周知される一方、個人単位や帰任者の用品処理の場合は、友人同士の口コミなど属人的なネットワークで情報が伝達される。日本人駐在家庭が多く居住す

注5　ハノイやホーチミン市、中部の中心都市ダナンなどでは、『VIETNAM SKETCH』や『VINABOO』など在住日本人向けのフリーペーパーが複数発行されている。そこでは日本食レストランや日本人向け各種サービスを提供する企業の情報が掲載されているほか、日本的商品の買い物情報が特集記事で組まれることもある。発行元の日本人スタッフによれば、そのような情報が掲載された号は、比較的早期に品切れになることが多いという。

るアパートであれば、頻繁に情報を得ることが可能であるほか、保育園などでの母親同士のコミュニティや「ハノイベビーの会」のような子育て家庭を対象とした情報交換会で出会った知人によるネットワークも小規模なバザーを知るきっかけになる。

バザーでは、ベトナムの一般的な店舗では入手が難しい商品が、新品ではないものの大幅に安価で購入することができたり、場合によってはおさがりとして無償で提供してもらえることもある。粉ミルクや離乳食などは、製品の性質上バザーではあまり流通しないものの、子ども服や靴、絵本、日本に持ち帰れない大型の玩具や育児用品などを入手する上では、貴重な機会となっているのである。

6.5　子育て用品調達における「弱い紐帯」の役割

6.5.1　「弱い紐帯」の力

ここまでは、インタビュー調査から得られたデータを中心に、在ベトナム邦人の子育て商品の調達の在り方について整理してきた。そこから明らかになったのは、流通環境が発展しつつあるベトナムにおいては、以前と比べれば小売店などにおいて必要な子育て商品を購入することが容易になりつつあるものの、未だ日本と同様の環境からは程遠く、在ベトナム邦人家庭は買い物弱者としての側面を有しているということである。そのため子育て家庭は、企業の福利厚生による宅配サービス、親族知人への依頼やバザーなど、純粋な市場取引とは異なる手段や機会を補完的に利用しながら、必要な用品を調達しているということである。

この補完的な手段のなかでも、福利厚生による商品取り寄せや宅配サービスは、利用が大企業の駐在や比較的経済力のある家庭に限定される。それに対し、親族・知人への依頼やバザーなどの人的ネットワークを介した調達手段は、幅広い邦人子育て家庭が利用している。そこで本章では、この人的にネットワークが重要な役割を果たす調達手段の特徴について、アメリカの社会学者グラノヴェターによる「弱い紐帯」をめ

6.5 子育て用品調達における「弱い紐帯」の役割

ぐる議論を参照しながら考察することとしたい。

グラノヴェターの研究は、1960年代後半のアメリカのホワイトカラー労働者の転職における人的ネットワークの重要性を指摘したものである（グラノヴェター［1998］）。なかでもその後の諸研究に大きな影響を与えたのは、人的ネットワークにおける「弱い紐帯」の持つ力についてである。この研究が明らかにしているのは、転職においては職業仲介所や新聞などのメディアよりも人的ネットワークが大きな役割を果たしており、転職後の地位や報酬に対する満足度が、親しい知人から情報を得た人よりも、社交上偶然出会った人やそこから得た情報をもとに転職した人のほうが高いということである。一般的に考えれば、転職と直接的に関連する情報源や本人と近い関係、すなわち「強い紐帯」こそが、偶発的で密度の低い「弱い紐帯」に比べ、転職において相対的に重要な役割を果たすことが想定される。しかし「弱い紐帯」の持つ重要性を指摘した彼の研究は、転職市場における経済合理的な意思決定モデルを批判し、転職活動という経済活動が「社会に埋め込まれた」存在であることを明らかにした。注6

その後彼の研究は、労働市場や人的ネットワークに関する研究において度々参照されたが、その中には「弱い紐帯」の力に疑問符をつけるものも存在している。グラノヴェター自身も、1995年に出版された『転職』の第2版所収論文の中で、自身が論じた「弱い紐帯」の重要性は、調査当時のホワイトカラーの転職に関するものであり、例えば失業者が職を得る場合には親族の紹介や就職斡旋サービスが重要な役割を果たしていることなどを確認しながら、あくまでも「弱い紐帯」をめぐる論点は、その重要性を無前提に主張することではなく、転職をはじめさまざまな経済活動が社会に埋め込まれたものであることを指摘することにあると注意を促している。注7

注6　『転職』原著の初版は1974年であるが、本研究では、1995年に出版された第2版をもとにした邦訳『転職―ネットワークとキャリアの研究』（1998年）を参照している。

注7　なおグラノヴェターは「社会に埋め込まれた経済」について論じる中で、本稿でも参照したウィリアムソンの取引費用とハイアラーキーをめぐる議論について批判的に論じている。そこではウィリアムソンの議論に対し、新古典派経済学への懐疑的視点を

しかしながら、一連の議論が示唆するのは、経済活動が社会に埋め込まれていることの重要性はもちろんのこと、紐帯、すなわち人的ネットワークの強弱が単純に転職活動における重要性の高低を示しているのではなく、「強い紐帯」と「弱い紐帯」は、文脈や状況に応じてそれぞれ異なる役割を担っている点を明らかにしたことであろう。このような視点は、本研究における人的ネットワークを介した子育て商品の調達について考えるうえでも極めて重要な示唆を与えてくれる。

6.5.2　子育て商品調達における紐帯の強弱

　親族や知人への依頼やバザーによる調達を紐帯の強弱によって整理するのであれば、親族が最も強く、親しい友人や同僚、そして一般的な友人や同僚がそれに続き、バザーで知り会う人々は最も弱い部類に入るであろう。バザーの開催に関する情報を入手する上でも親しい知人からの紹介か、商工会などのイベントに併催されたものかによって、ネットワークへの依存度は異なるが、バザーの利点は、親しい友人からおさがりをもらう場合とは異なり、何らかの形でバザーの開催情報を得ることができれば、ほとんど初対面の出店者にもアクセスすることが可能な点である。ではこの場合、紐帯の強さは、子育て商品の調達においてどのように影響しているのだろうか。

　複数のインタビューでのやり取りから示唆されたのは、人的ネットワークを介した商品調達においては、「強い紐帯」と「弱い紐帯」でそれぞれ異なる役割が存在しているということである。それは、子育て用品の種類と人的なネットワークを介した調達だからこそ考慮される互酬

有するものとして一定の評価を与えているものの、あくまでも経済学の合理的選択モデルにとどまるものであり、社会構造のより詳細な考察が必要であることを指摘している。その意味で両者の議論を参照することは矛盾をはらむともとらえられるが、本稿ではグラノヴェターが「社会に埋め込まれた経済」論で提起した合理的選択を過度に重視する経済学のアプローチへの批判についてではなく、あくまでもその一環にある「弱い紐帯の力」をめぐるに限定して参照しており、上記の議論に直接関与するものではない。

的な関係に深く関係している。

　もちろん、多くの商品は親族などの「強い紐帯」だからこそ頼むことが可能になる。とはいえ、その近さによって何が依頼出来て何が依頼できないのかということについては、先にも記したように、相手との関係を考慮して慎重な選択が求められる。親しかったとしても関係に即して不適切な、すなわち重かったりかさばったり、あるいは高額のものを依頼することは、ベトナムでの日本人コミュニティのなかで関係を維持していくために避けなければならない。

　また、持ち帰りを依頼するということは、自身が帰国する際には、相手から頼まれたり、自分から相手の必要なものを聞き出すなど、まさに「頼み頼まれ」の道義的な義務が生じるとともに、子育て用品という特殊な商品の場合には、頼む相手も限定されるのである[注8]。その点で、母親同士のネットワークは重要な意味を持つ。親しい友人であっても独身の女性であったり、近しい同僚であっても男性の場合、子育て商品の依頼は躊躇される。むしろ重要なのは、同じ子育て中であるということである。インタビューの中でも次のようなコメントが見られた。

「で、やっぱり、お母さん同士、頼みやすいですし、お母さん同士が多いですかね。お互いヘルプし合えるっていうのがあるんで、次、自分行くときやってあげるねっていうのができるんで」

　つまり、親しい友人であることよりも母親であることは、「持ちつたれつ」の関係が築きやすいのである。

　一方で、紐帯の強さが単純に依頼可否のバロメーターなのかというと、必ずしもそうではない。それは、先の絵本の事例のように、親族以外の

注8　子育て商品の多くは、実際に育児に携わっていない人にとっては十分な商品知識がない場合も多く、依頼するときに伝達が困難な場合もある。とくに育児に積極的に関わっていない男性に依頼する際には、品目間違いなどが頻繁に発生する。インタビュー参加者の中には「ウチはダンナすらあてにならない」と嘆く声もあった。

「強い紐帯」でも依頼が困難な商品が、人的ネットワークとしては最も「弱い紐帯」であるバザーでも期待できるということにも示されている。同様の例としては子供服が挙げられる。子供服は、最低限のものを所有していれば緊急に必要になることはなく、趣味嗜好の関係もあり親族や知人に購入を依頼することは微妙である。しかしこちらも知り合いからのおさがりやバザーが、有力な調達手段の一つとなっている。これらの事例からは、同じ商品をめぐって、紐帯が強いからこそ依頼できる場合と弱いからこそ調達できる場合双方が存在しており、強弱は調達の期待度と比例しているわけではないことが推察されるだろう。

　先にも触れた通り、「強い紐帯」による調達には、一定の返礼が必要である。依頼する商品の日本での調達が相手にとって負担であったり、持ち帰りに労力がかかったりする場合、相手の負担に配慮しなければならないだけでなく、いずれ相応の「恩返し」をしなければならない。それゆえ、友人や知人に対しては「頼めるものであるかどうか」が微妙な判断が求められるのである。それに対し、バザーはそのような気遣いとは無縁で調達が可能となる。知り合い程度の友人が開催するバザーの「弱さ」がここでは重要な意味を持っているのである。

　さらに、そのような互酬的な気遣いについて考慮する際に重要なのは、在ベトナムの駐在であるという背景である。インタビューの参加者の一人は、むしろ職場の若手の同僚のほうが、親しい友人よりも必要な子育て商品の持ち帰りを依頼しやすい状況もあると語っていた。その理由は、若手の駐在社員は短期間で入れ替わるため、「1回ぐらいなら無理してお願いしてもよいかな」と思えるからだという。また、あるグループインタビューでは、依頼相手への気遣いをめぐる議論の後に、次のような会話が交わされた。

　　A:なんか日本だと、結構、人間関係難しかったりとかするじゃないですか。
　　B:こっちのほうがみんな「協力しよう。日本人同士で」みたいな。

C:で、結局、まあ、そんなに長くないんだし、みんな出入りが多いので、その受け入れ態勢は皆さん慣れてらっしゃる感じ…それはこの国のいいところかなあと思ってますけど。

　ここで語られているのは、日本に比べて駐在家庭の人的ネットワークが根本的に有している「軽さ」、あるいは「弱さ」が持つ利点である。日本であればある程度継続した人間関係が想定されるため、相手とのやり取りにもいろいろと慎重にならなければならない。しかし駐在家庭のコミュニティは、多くの場合夫の赴任あわせたものであるため、数年単位での移動が想定される。コミュニティは常に出入りがあり、同じメンバーが永続して関係を構築するわけではない。だからこそ、ベトナムという異国の地で協力し合うのであり、翻って後腐れなく「頼み頼まれ」「持ちつ持たれつ」をすることができるのである。
　言い換えれば、親しい友人など「強い紐帯」への依頼による調達は、欲しいものを確実に手に入れることができるという点では、商品の探索にかかわる費用を削減してくれる。だが同時に、依頼とその返礼などにかかわる交渉費用もまた相応に発生する。それに対し、バザーをはじめ在外生活における「弱い紐帯」の人的ネットワークによる調達は、相対的に市場取引に近い性格を有するがゆえ、そのような交渉費用が「強い紐帯」に比べ負担とならないのである。すなわち「弱い紐帯」による調達の利点は、在ベトナムという特殊な環境において、探索のための費用と交渉のための費用、それぞれを軽減することができる点に集約されるだろう。
　このように、在ベトナム邦人子育て家庭が人的ネットワークを介して商品調達をする場合、その紐帯の強弱によって、果たしている役割は異なっていることが想定される。親族や友人に依頼する場合、相手との関係によって頼める人（モノ）と頼めない人（モノ）の微妙な境目が存在している。もちろん、「親だから」「親しい友人」だから、すなわち「強い紐帯」だから頼める商品も存在する。しかし誰でも何でも頼めるわけ

ではなく、また翻って同じような状況で自らが相手から頼まれた場合のことを考えると、近いからこそ気を遣う状況も存在する。だが日本人会、サークル、ママ会などでの知り合い程度の同僚への依頼や交換、すなわち「弱い紐帯」での調達は、その点で気楽である。とりわけバザーは、開催情報の入手は人的ネットワークをベースとしていても、スポット的な市場交換に限りなく近い取引である。もちろん、入手できるものやタイミングは限定されるが、気兼ねなく頼めるという利点を有しているのである。

　先述のように、バザーなどで入手できる商品は、子育て商品の中でも必需品ではない。むしろ絵本や玩具、洋服などは、最低限のものがそろっていれば生活はできるが、種類が豊富あればあるだけ満足できる性質のものである。すなわち、必需品は「弱い紐帯」では入手できず、「強い紐帯」が必要になる。一方で、それなりに近い関係であってもためらわれる商品、その中でもなくても生きていけるがバラエティが豊富であることが生活の豊かさにつながるような商品は、「強い紐帯」よりもむしろ「弱い紐帯」の場でこそ調達可能な場合もある。すなわち、「弱い紐帯」だからこそ重要なわけではないが、人的ネットワークを介した調達において、「強い紐帯」と「弱い紐帯」はそれぞれ補完的な役割を有しており、在ベトナム子育て家庭は、それらを組み合わせて商品を調達しているのである。

6.6　むすびにかえて

　以上、在ベトナム邦人家庭における子育て商品調達について考察を進めてきた。日系大手流通企業の進出が著しいベトナムでは、市場での商品調達が容易になりつつあるものの、日本の都市圏と比較すれば大きな隔たりが存在する。そのような状況の中で、邦人子育て家庭は、マーケットでの商品調達と組織的なハイアラーキー型の調達を組み合わせつつ、両者では補いきれない部分については、人的ネットワークを介した親族

知人への依頼やバザーの利用など、純粋な市場取引とは異なる調達手段を用いて、必要な子育て商品を入手している。

　人的ネットワークを介した調達手段では、その紐帯の強弱が入手できる商品と深くかかわっている。ただしそれは、単に親族や親しい友人などの「強い紐帯」が必ずしも幅広い商品を容易に調達できることを意味している訳ではない。継続した人間関係を維持しなければならない親しい関係だからこそ、「持ちつ持たれつ」となるよう相手に対する気遣いが必要とされ、誰に何を頼むか、という点については悩みの種ともなる。いわば取引費用のなかでも交渉に関する費用が高くなるのである。

　一方で「弱い紐帯」の場合、そのような気苦労は不要であり、バザーなどではときとして「強い紐帯」でも入手が困難な品を調達できる可能性もある。また「強い紐帯」では、必需品を依頼することが可能だが、あまり親しくない人にそれは頼めない。しかし「弱い紐帯」による依頼や交換は、必需品ではないが、それゆえ親しい友人にも頼みづらい絵本や子供服といった商品、すなわち最低限度は所有していても、バラエティがあればそれだけうれしい品々へのニーズを補完する。とりわけ企業駐在者が多数を占める在外生活では、人間関係が一時的で比較的短期間で入れ替わるために、互酬的な関係に伴う人間関係の煩わしさが軽減される。だからこそ「弱い紐帯」が有する意味がかえって注目される。いわば「弱い紐帯だからこそ強い」訳ではないが、「弱い紐帯」だからそこ可能な商品調達の在り方がもたらす豊かさも存在しているのである。

　さて、買い物弱者として在ベトナム邦人子育て家庭を位置づけた本調査から得られた知見、すなわち純粋な市場取引の隙間を埋める「弱い紐帯」による人的ネットワークでの商品調達の持つ可能性は、より広範な買い物弱者問題一般に還元した場合、どのような示唆をもたらすのであろうか。

　たとえば過疎地域における買い物弱者問題への取り組みでは、買い物用バスやタクシーの運用、各種の宅配サービス、軽トラックなどを利用した移動販売車や買い物代行業者の登場などマーケット型の調達手段に

ついては、さまざまなサービスが提供されつつある。また自治体が過疎地域においてスーパーマーケットの出店に援助したり、お弁当の配給をしたりといったハイアラーキー型の特徴を持った手段についても取り組みが行われている。一方本稿で取り上げた人的ネットワークを介した調達についても、例えば遠隔地に住む家族や親族が必要な生活物資を宅配便で送ったりするケースは当然のことながら行われており、その意味では「強い紐帯」による商品調達は存在してきたといえるだろう。しかし、「弱い紐帯」の人的ネットワークによる商品調達、あるいは必要最低限の生活用品ではないものの、それなりの需要が存在し、偶発的な機会であってもバラエティに富んだ品々を手に入れることによって、生活がより豊かになるような商品、言い換えれば趣味の品やファッションアイテムとしての衣料品などの調達については、これまでの研究では十分に検討されてこなかったのではないだろうか。既にふれたように、在ベトナム邦人家庭が自らを買い物弱者として認識するか否かは相対的なものであった。このことが意味するのは、買い物弱者問題の解決は、単に生存のために必要最低限な物品を調達することだけにとどまらないということである。

　在ベトナム邦人子育て家庭における「弱い紐帯」による商品調達の場は、市場による商品交換よりは人間的であるが、家族友人に比べドライな領域でかつ商品交換的な特徴を持っていた。またそのような場や調達できる品物は限定されているが、生活に豊かさをもたらす。そしてこのような調達の場は、家族や親しい友人への依頼に比べ、比較的参入がオープンで新たに創出が可能な場でもある。その意味で「弱い紐帯」による調達の可能性は、在外生活という個別特殊の状況に限らず、あらゆる買い物弱者一般にも適応可能である。もちろん本研究の対象は在ベトナム邦人子育て家庭という限られたものではあるが、買い物弱者研究における新たな視野を示唆するものであると考えられる。

[付記] 本章は、以下の論文に加筆・修正したものである。
鈴木涼太郎、久保康彦［2018］「在ベトナム邦人家庭の商品調達における『弱い紐帯』の役割―国内買い物弱者問題への示唆」『Encounters』Vol.6, ｐｐ 1-17。

参考文献・資料

Arndt, J. [1981] "The political economy of marketing systems: Reviving the institutional approach." *Journal of Macromarketing 1*(2), pp. 36-47.

Coase, R. [2012] *The firm, the market, and the law*, University of Chicago press.

Granovetter, M.[1974] *Getting a Job,* University of Chicago Press. (渡辺深訳『転職─ネットワークとキャリアの研究』ミネルヴァ書房,1998年)

JETRO[2016]『2015年度 日本企業の海外事業展開に関するアンケート調査 (ジェトロ海外ビジネス調査) 結果概要』JETRO。

Powell, W. [2003] "Neither market nor hierarchy" *The sociology of organizations: classic, contemporary, and critical readings.* 315, pp. 104-117.

Thompson, G. (ed.). [1991] *Markets, hierarchies and networks*: the coordination of social life. Sage.

Williamson, O. E. [1975] *Markets and hierarchies: analysis and antitrust implications: a study in the economics of internal organization.* Free Press

阿部真也[1993]「現代流通の調整機構と新しい市場機構」阿部真也監修『現代の消費と流通』ミネルヴァ書房,239-260頁。

阿部真也[2006]『いま流通消費都市の時代: 福岡モデルでみた大都市の未来』中央経済社。

ハノイ日本婦人会[2016]『HANOI GUIDE 2016』ハノイ日本婦人会。

岩間伸之[2011]『フードデザート問題─無縁社会が生む「食の砂漠」』農林統計協会。

経済産業省[2015]『買い物弱者応援マニュアル』経済産業省。

久保康彦[2009]「流通システムにおける理論的フレームワークの再検討」『相模女子大学紀要.C, 社会系』73巻,57-68頁。

第 7 章
商品分類からみる子育て商品の特殊性

7.1 問題の所在

　在外日本人家庭が海外において生活する場合には、なるべく日本で生活していたと同じような商品を購入し使用することで、日本と同じような生活様式を実行するタイプ（日本標準化タイプ）と日本で営んできた生活を前提とするのではなく、なるべく現地で手に入る商品を購入し使用することで現地の生活様式に適応しようとするタイプ（現地適応化タイプ）を想定することができる。しかし、現実には自分の思い通りの生活様式を貫くことは困難であり、どうしても拘りがある日本製品と現地で手に入る日本製品と現地製品（輸入製品を含む）などを組み合わせることで現地適応すること（折衷型タイプ）が一般的には多数であろうと考えられる。それは、出来ることなら日本標準化タイプを実行したいとしてもコスト的に困難であり現実的ではないというタイプの人々、また、在外日本人家庭の中にはその国が好きで現地生活の憧れや文化への畏敬の念をもって生活している家庭も多く、その国の生活・文化や環境に日本と同じように愛着を感じている場合も多い。そこでの実際の生活様式の選択（商品選択や使用を含む）は折衷型となる場合が多い。その折衷型タイプの特徴として、決して目的の日本ブランド商品でなくても、納得できる商品（あるいは安心・安全であると本人達が信頼できるあるい

は納得できる商品)があればそれを購買し使用する、仮にそれが手に入らない場合には、現地商品で代替可能なものはなるべく現地の商品で代用することで対応するという購買行動が一般的である。しかし、そのように代替可能な商品ばかりではないことに注意する必要がある。ニーズが確定しにくく、知覚リスクを測定することが困難な商品である場合にはどのような購買行動をとるのであろうか。必需としての側面が強く、購買しないという選択肢は存在せず、そのニーズが不確定にもかかわらず、同時に安心・安全も求められる。また、商品の好ましさについても使用者ではなく購入者が推測するという特殊性を有している商品がある。それが、在外の子育て商品である。

このように在外子育て家庭の子育て商品に注目してみると、在外子育て家庭にも多様な家庭が存在し、日本的商品を積極的に活用し、日本と同じような環境において子育てを実現しようとする家庭もあれば、食品や知育玩具等はなるべく日本的な商品を購入するが、それ以外は現地商品など積極的に活用して満足度をあげている家庭など多様な存在を確認することができる。在外という特殊環境下における市場調達は生活必需品であっても困難性が高い。ましてや市場規模が小さく、購入期間や頻度に特徴がある子育て商品となればなおさらである。そこで本章の目的は、在外子育て商品の特殊性に注目することで明らかになった商品分類基準の問題について考えることにある。敷衍すると子育て商品の特殊性からあぶり出された商品分類基準における前提の問題でもあり、ひいては買い物の目的とは何かに関連する問題であると言える。また、在外子育て家族の買い物行動や商品調達方法の分析は、現在深刻化する国内の流通問題の解決へ新たな糸口を提供すると考えられる。

7.2 商品分類の類型化

まず子育て商品の特殊性を論じる前に商品をどのような基準によって分類してきたのかをレビューすることから始めたい。しかし、ここでの

7.2 商品分類の類型化

重要な課題は商品分類のための分類ではなく、商品分類の基準がどのような変遷を辿ってきたかを確認することである。よって商品分類の一般化を論じることがここでの目的ではない。商品分類をめぐる議論を遡って検討することで、そこでの議論の系譜をたどり、それがどのようは背景で論じられ、問題となったのかを明らかにすることがここでの目的である。

商品分類基準として最も古く著名な研究として Copeland［1923］をあげることができる。Copeland が消費者の購買習慣から「最寄品」「買回品」「専門品」に分類したことはあまりにも有名である。商品分類を規定するのは消費者の購買習慣であるという単純な基準が広く普及したのは、利用目的に照らしてその分類方法が活用しやすかったからであろう。ここで Copeland の定義を再度確認しておこう。

> 最寄品は単純に行くことができる店舗で慣習的に購買される商品である。…消費者はこれらの商品についてよく知っており、欲望を感じると通常すぐに需要が心の中で明確に定義される。さらに消費者はその欲望をすぐに満たそうとする。この種の商品の価格はきわめて小さく、特別のブランドを手にいれるために遠出したり電車で出かけるといったことを行う意味は見出せない。
>
> …………中略…………
>
> 買回品は消費者が価格、品質、スタイルを購買時点に比較しようとする商品である。通常、消費者はこの比較をいくつかの店舗にまたがって行う。…中略… 原則として、実際に購買が行われる店舗は、少なくとも２～３店の商品を調べるまで決定されない。また欲しい商品の正確な性質も事前に消費者の心の中に定義されているわけでもない。…さらに、買回品の購買はニーズの存在に気づいてからしばらくの間延期されうる。欲求の即時的な充足は最寄品の場合ほど重要ではない。
>
> …………中略…………

> 専門品は価格以外に、消費者にその商品を販売している店舗を訪れるための特別の努力を行い、買回りをせずに購買させるような何らかの魅力を持つ商品である。専門品の購買に当たっては消費者は前もって購買する商品の性質を決めていたり、そこで満足のいく商品の選択ができるとすれば購買する店舗をも決定している。…買回品と同様に、専門品の購買は消費者が特定のニーズを感じてからしばらくの間延期されうる。(Copeland［1923］282～284頁)

　ここでは、Copeland の定義が広く普及した理由をこの定義とともに確認していただければよい。それが深く浸透した理由として、第一に商品の特性を所与のものとして、その商品の購買行動によって分類するという点にある。つまり商品分類を商品特性とその購買行動という2軸で説明を行うという点が最もわかりやすかったことにあると考えられる。第二に Copeland が定義した時代では商品の数も限定されており、生産能力や消費能力も小さく消費者を取り巻く環境が現在とは大きく違っていることで当時の商品分類としては十分な説明能力をもっていたと考えられる。

　Holton［1958］の分類基準は消費者行動における費用対効果側面、つまり探索に要した費用と得られる期待度により分類する基準とその商品自体の需要量と供給量という商品の量的側面をその規定因としている。Bucklin［1963］は消費者の蓄積された能力に注目している。それは買回品を蓄積された情報や能力を持ち合わせていないので、探索を通じて商品の適合性を探る商品と位置づけている。

　Aspinwall［1958］は5つの特性によって分類している。①置換率 (replacement rate) ②粗利益 (gross margin) ③適合調整 (adjustment) ④消費時間 (time of consumption) ⑤探索時間 (search time) であり、①の置換率のように消費者が期待する満足度が商品によって満たされる (置換される) 割合を表しているところにその特徴がある。

7.2 商品分類の類型化

　Miracle [1965] は①単価（Unit value）②個々の購買それぞれの消費者にとっての重要性（Significance of each individual purchase to the consumer）③消費者によって購入のために費やされる時間と努力（Time and effort spent purchasing by consumers）④技術的な変化の速度（流行の変化も含む）（Rate of technological change (including fashion changes)）⑤技術的な複雑さ（Technical complexity）⑥サービスに対する消費者の欲求（販売前、販売時、販売後）（Consumer need for service (before, during, or after the sale)）⑦購入頻度（Frequency of purchase）⑧消費速度（Rapidity of consumption）⑨用途の広さ（消費者の数や多様性、およびその製品の有用性を提供する様々な方法）（Extent of usage (Number and variety of consumers and variety of ways in which the product provides utility)）によって分類を行っている。

　また、Holbrock&Howard [1977] は①商品特性として、購買の重要性の明確さと商品特性の明確さ②消費者特性としての関与③消費者反応として、肉体的買回り努力と精神的努力を挙げている。Enis&Roering [1980] は生産と消費が合致することが重要であるという視点から、生産側は製品差別化の程度とマーケティング・ミックスの差別化程度、消費側では知覚リスク（購買時や使用時に伴うリスク）と期待努力（期待努力が高いとは単価が高く、関与度も高い。低い購買頻度、肉体的にも精神的にもコストをかけて探索を行う）の程度によって分類を行っている。

　Murphy&Enis [1986] では Enis&Roering [1980] をさらに発展させ、「最寄品」は衝動的あるいは慣習的購買であり、「選好品」は反復的でストレートな再購入商品、「買回品」は限定的で修正再購入商品であると位置づけている。また、商品分類からではなく、購買行動に焦点をあてて類型化を行った Assael[1987] は製品（あるいは使用・購入）に対する関与度の程度とブランド間の知覚品質の程度を基準に購買行動の類型化を行っている。

7.3 田村モデルの探索性向と探索マップ

　このように過去の商品の分類基準を振り返ってきたが、分類基準のなかで消費者探索行動と消費者選好の順序づけに焦点をあてて分類を行っているのが（田村［2001］172頁）である（以後田村モデルと呼ぶ）。その分類基準は探索性向と選好マップの強さとその形成時点である。

　探索性向とは、買物に際して消費者が商品や店舗を探す努力をする程度である（田村［2001］172頁）。探索には2種類あり、購買したい商品があるかどうか確認する「在庫探索」と各店舗の訪問による、入手可能な商品の品質特性や価格などの取引条件に関する情報収集を行う「情報探索」がある。また、選好マップとは商品の好ましさについての消費者の大雑把な順序づけ（田村173頁）であり、その選好マップの強度と選好マップの形成時点が分類基準となっている。

　田村モデルの探索性向や探索マップは買物産出や買物費用と密接に関連している（田村174頁）。探索性向の高い商品は買物費用も高くなる。最寄品は探索性向が低いので、探索費用も低く、買回品や専門品に比べて探索価値も高くない。このように商品による探索性向や選好マップの性格の相違によって、多様な買物パターンを説明しようとするところがこの田村の分類軸の特徴である。田村は商品種類による探索性向の相違を商品による探索価値と探索費用の相違に求めるのである。探索性向とは、探索の成果について消費者が知覚した価値（探索価値と呼ぶ）と探索に要した費用（探索費用と呼ぶ）に依拠している。この探索価値と探索費用の差異をモデル化したものが図表7.1である。

　まずは、価格分散と品質分散であるがこれは同じ商品であっても店舗によって価格が違うような場合、つまり価格差が大きければ大きいほど探索価値は大きくなる。また、一定価格で購買できる品質水準が店舗によって異なる時も探索価値は大きくなる（田村［2001］177頁）。次に購買頻度とは、購買頻度が少なくなると探索価値は大きくなる。購買頻度の低い商品は過去の購買経験を思い出すことも難しく、活かせたとし

ても重要な情報とはなり得ない。次に知覚危険とは、購買に際して、消費者が知覚する危険要因である。例えば、色、柄、サイズなど非常に多くの属性次元を持つ。技術的に複雑、価格が高い、耐用年数が長い、他人への顕示のために購入されるモノなどがあげられる。この種の商品は買物に失敗した場合の知覚リスクが大きくなるため、探索価値に対してプラスに作用する。

図表7.1　商品による探索価値と探索費用の差異に影響する要因

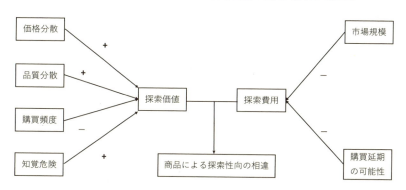

＋は正の影響、－は負の影響を表す。
出典：田村［2001］178頁。

次に探索費用を規定する要因として、市場規模とは、市場規模が小さい商品については市場が分散化する程度が低く、ある一定の地理的範囲内においてその商品を取り扱う小売店舗数が少なくなるから探索費用は増大する。また、市場規模が小さいので、買物出向することでの精神的・肉体的な疲労も大きくなり、その意味でも探索費用が増大する。次に、購買延期の可能性である。これは、欲しい商品が見つからないと、購買を延期できる場合には、その商品の探索費用は低くなる傾向がある。1回の買物出向で探索を継続しなくても、他の商品の買物出向のついでの購入や情報探索を続けることが可能だからである（田村 179頁）。

このように探索価値と探索費用という概念を用いることで買物行動を買物効率化を基軸に組み立てているところにこの田村モデル特徴があ

る。田村モデルの買物効率とは、買物費用に対する買物産出の比率によって算定するものであり、買物費用とは商品の購入にかかる費用つまり総購買価格であり、各購買商品の価格と数量によって決定される「商品費用」と、情報探索費や交通費、それにまつわる時間費用、買物にまつわる精神的負担などの様々な費用である「消費者費用」に分けられる。このように買物行動原理を買物効率化を基軸に組み立てているところに田村モデルの卓越性があるといえる。

7.4 在外子育て商品の探索価値と探索費用

　田村モデルのその特徴である消費者探索行動と消費者選好という分類基準を振り返ったが、この研究は単なる商品の類型化に留まらず、小売店が品揃えする商品の類型によって店舗の立地や買物行動が変化することへの戦略的なインプリケーションを与えたことにも大きな意味があったと考えられる。ではこの分類基準によって在外子育て商品[注1]を当てはめてみるとどのようになるのだろう[注2]。

　価格分散の程度に関しては、在外子育て商品は店舗によって価格が違うことが一般的であった。日本製に限らず、海外製に関しても店舗による価格差は大きく、子育て商品も例外ではなく大型小売店と零細小売商間での価格差は大きいところでは1.5倍〜2.0倍程度の差があることもあった。もちろんこれは、子育て商品だけが特別というものではなく、生活必需品一般に対して通底するものである。品質分散に関しても、価格分散同様に同じ価格で購入可能なレベルの製品の品質に差があるということで探索価値は大きくなる。購買頻度に関しては、子育て商品を単純に一般化して言及することは出来ないが、例えば、乳児期や幼児期に使用するベビーカーやベビーベッドなどは購買頻度が低く、ベビーフー

注1　本章における在外子育て商品とは、在外日本人が子育て期間、特に乳児期、幼児期、児童期に一般的に必要とされる子育てに関連する必需品、関連品の総称である。

注2　詳細は第4〜6章参照。

ドやオムツなど使用期間は短いが購買頻度が高いものに分けることができる。次に知覚危険であるが、知覚危険の高さについては注意する必要がある。上述したように子育て商品の購買行動は使用者と購入者が違い、使用者のニーズを推測して購入者が代理購買を行うわけであるが、そこでの商品選択基準には購入者の主観や思い入れが強く反映し、また、その属性が多数存在しその評価基準も多様である。例えば、色や柄、サイズなどの基準、食品における添加物などの目に見えない商品の内部にかかわる安全性基準、製品本体の安全性などの技術的要素基準、価格基準などその属性は多岐に及び、製品ブランドなどの顕示的価値基準を含む多様で複雑な評価基準を有していることを忘れてはならない。特に、洋服やカバン、知育玩具などは親の感性や価値観で購入されやすい商品であるということが言えるであろう。このようなことから自ずと知覚危険が高くなることで探索価値も高くなると考えることができる。

　次に探索費用を規定する要因としての市場規模に関しては、在外という条件が大きく作用すると考えられ、在外子育て家庭の市場規模は大きいとは言えず、ある一定の地理的範囲内で子育て商品を販売する小売店数は限られると言わざるを得ない。[注3] よって最適な商品を探し出すための探索費用は増大する。次に購買延長の可能性であるが、これは在外の特徴を反映し、多くの商品が必需と関連している場合、購買を延長するということは考えられないので、購買可能性が高い場合には、知覚危険を多少冒してでも購入するということが求められる。そこで第6章でも述べたように、海外旅行のついでやあまり親しくない職場の部下や友人などが日本への帰国時に代理で購入してもらうなどの方法を用いて入手している。在学子育て商品の購買延期の可能性は限りなく低いと言わざるを得ない。

注3　ただし、在外でもアメリカやヨーロッパなど日本からの駐在員が多いところも想定することができるが、それでも子育て商品市場は限定的と言わざるを得ない。

7.5　子育て商品の特殊性

　前節では子育て商品の探索性向に焦点を当て検討を行った。それは、消費者行動における探索価値と探索費用の相違という観点から商品を位置づけるというアプローチに他ならない。このように購買行動を費用と効果という側面から考えることも重要であるが、さらに購買行動だけではなく商品特性という観点からも子育て商品の特徴を明らかにしておくことが必要である。そこで、子育て商品の特殊性について考えてみる。

　まず、第一に商品の使用期間が限定的で一時的であるということである。子育てという期間はその時期をどのようにとらえるのかという問題はあるが、ここでは、乳児期、幼児期、児童期を子育て期間と考える。乳児期や幼児期、児童期の詳細な分類がここでの重要な関心事ではないので差し控えるが、子育て期間を乳児期の子どもが生まれて愛情や養護が必要な時期から徐々に成長していくなかで、自立し学校などの様々な集団性を学習していく期間であると捉え、子育て商品とは、子どもに愛情をもって養育・養護し、肉体的・精神的な成長を支えるために購買消費される商品の総体と定義する。このように子育て商品をとらえるならば、その商品を使用する期間は限定的であり、かつ一時的であるといえる。ここでの使用期間の問題は、商品が一時的にしか使用されないという意味での一時性だけでなく、一旦その期間に購買・消費されたならば、次の子育てが発生しない限り永遠に購買・消費されないことも意味する。現在の完結出生児数は 1.94 人であり（図表 7.2 参照）、生涯に子育てする子どもの数は 2 人を切っている。また、年次別にみた子ども数の分布（図表 7.3 参照）においても、最頻値は子どもが 2 人（54％）であり、約 90.5％（4 人以上と 0 人を除いた）の夫婦は 3 人未満であることから、1 人の子どもに 1 個の商品が必要な場合でも商品の購買・使

注4　完結出生児数とは、結婚持続期間（結婚からの経過期間）15 年～ 19 年夫婦の平均出生子ども数であり、夫婦の最終的な平均出生子ども数を表す。今回の対象となっている結婚持続期間 15 年～ 19 年の夫婦とは、1990 年代後半に結婚した層である。

用はいち家庭において多くても3回程度しか購入することがない。また、1回しか購買・使用しない家庭は全体の18.6％もいることになる。

これは子ども1人に対して一商品一回のみ購入するということと、その商品が消費される期間は短期間であるということを意味している。つまり、子育て商品は商品購入回数（頻度）が限られ、商品の使用期間が限定しているという特殊性を有している。また、商品の使用頻度や使用期間が短いという特性は子育て商品の商品ニーズが子どもの成長とともに刻々と変化することと関係している。

図表7.2　夫婦の完結出生児数の推移（結婚持続期間15年〜19年）

調査年次	完結出生児数
1940年	4.27人
1952年	3.50人
1957年	3.60人
1962年	2.83人
1967年	2.65人
1972年	2.20人
1977年	2.19人
1982年	2.23人
1987年	2.19人
1992年	2.21人
1997年	2.21人
2002年	2.23人
2005年	2.09人
2010年	1.96人
2015年	1.94人

出典：「15回出生動向基本調査（結婚と出産に関する全国調査）」
2015年国立社会保障・人口問題研究所

　第二に過去の購買経験が役に立たないことである。あるいは役立ったとしても限定的である。上述したように日本における完結出生児数は1.94人であり、生涯に子育てする子どもの数は1〜2人である。子育

第7章　商品分類からみる子育て商品の特殊性―

て期間は10数年だとしてその期間において購入される商品は年少者への使い回しなどによる購入自粛を含めて考えるならば、1アイテムあたりの子育て商品の購入数と出生児数は同じにならない場合もある（例えばベビーカー、ベビーベッドなどの兄弟間での使い回しなど）。よって、過去の購買経験による商品情報や使用経験が購買情報として蓄積されることが少なく、以後の購買の参考となり活かされることが少ないと言える。

図表7.3　年次別にみた、夫婦の出生子ども数分布の推移
（結婚持続期間15年〜19年）

調査年次	総数（客体数）	0人	1人	2人	3人	4人以上	完結出生児数
1977年	100%	3.0%	11.0%	57.0%	23.8%	5.10%	2.19人
1982年	100%	3.1%	9.1%	55.4%	27.4%	5.00%	2.23人
1987年	100%	2.7%	9.6%	57.8%	25.9%	3.90%	2.19人
1992年	100%	3.1%	9.3%	56.4%	26.5%	4.80%	2.21人
1997年	100%	3.7%	9.8%	53.6%	27.9%	5.00%	2.21人
2002年	100%	3.4%	8.9%	53.2%	30.2%	4.20%	2.23人
2005年	100%	5.6%	11.7%	56.0%	22.4%	4.30%	2.09人
2010年	100%	6.4%	15.9%	56.2%	19.4%	2.20%	1.96人
2015年	100%	6.2%	18.6%	54.1%	17.8%	3.30%	1.94人

注：対象は結婚継続期間15年〜19年の初婚どうしの夫婦（出生子ども数不詳を除く）

出典：「15回出生動向基本調査（結婚と出産に関する全国調査）」
　　　2015年国立社会保障・人口問題研究所

第三に代替性が低いことが挙げられる。商品特性において代替性が低いということは、替わりとなるものが存在しない訳ではないが、代替することが難しいということである。例えば、乳児期において代表的な商品であるオムツはその機能から排尿や排便の漏れや脱落を防ぐ機能を有するものであれば、機能の点から最低限事足りると言えるが、その有用性や機能性の観点からすればオムツとしての機能に特化し、専門商品という意味での「オムツ」が求められる。よって、機能面でどうにか代用

可能であったとしてもその有用性や機能性の観点からそれ自体で無くてはならない商品であるといえるだろう。また、前述したように子育て商品は使用者と購入者が違う。そこで、使用者と購入者の商品そのものに対するニーズが一致しているかどうか不確かである。通常商品において使用者と購入者が違う場合は少なく、代理購買やショッパー・マーケティングが注目されていることは決して新しいことではない。しかし、乳児期の子どもは商品に対するニーズを言語などを用いて上手に表現することはできず、不快な精神状態を泣くなどの身体的な拒否反応でしか表現することができない。その表現を親が感知して子どものニーズを推測するしかない。通常の代理購買においても購買代理者は使用者のニーズを推測して最適購買を行うのであるが、推測情報がこれほど限定されたなかでの代理購買は行わなければならない商品は少ないといえる。

　また、幼児期になれば、乳児期よりも使用者ニーズは明確化される程度は増すが、その表現は拙く限定的であるので、そこでも代理購買者が使用者の拙く限定的な情報を基礎としてニーズを推測し判断するのであるが、そこには必需性が高く、代替性が低い乳児期の子育て商品に比して、代理購買者の価値観（親の価値観）が介在してくる余地を生まれる。そもそも使用者ニーズを代理購買者が推測して購入するという子育て商品の特徴は乳児期から幼少期になっても大きく変わらず、代理購買者である親にとっての価値観が優先される傾向となる。特に子育てに関する教育方針や商品利便性の価値判断、あるいは親自身の感性の差異によって商品選択が影響を受けるようになってくる。その傾向は出生児数が2人を切っていることとも関係していると推測することができる。

　第四に安心・安全が求められる傾向が高いということである。子育て商品のなかでも特に食品に関する商品で顕著であると言える。平成26年に東京都が実施した報告書[注5]によると乳幼児・妊婦がいる家庭の58.1％が食の安全に大変関心があると回答し、少し関心があると回答したものを合計すれば98.6％が関心があると回答している。また、食

注5　「食の安全に関する消費者意識と消費者行動調査報告書」　東京都消費者月間実行委員会　平成26年2月

に対して不安を感じるかという質問に対しても乳幼児・妊婦がいる家庭の29.0％が大変不安を感じると回答し、少し不安を感じると合わせると93.8％が不安を抱いていると回答している。食品以外にも経口し人体への直接的影響がある子育て商品として玩具がある。乳児用玩具は「食品衛生法」によってその規制が存在し、海外の商品においても様々な規格・基準が存在する。子ども服に関してもJIS（日本工業規格）において子ども服のひもに関する安全基準が示されるなど、安全性に直結するものへの規制が行われているなど、安心・安全が求められる傾向が強くなっている表れである。

　第五に多様な購入者の存在があげられる。何回も指摘したように子育て商品は使用者と購入者が違う。このことは単に使用者と購入者が違うというだけではなく、購入者が複数存在し、その差はあるが、複数の購入者のニーズが購買に反映される複雑性を持っていると考えられる。しかも近年の少子化の影響を受け多数の購入者が想定されるようになっている。子育て商品の購入者として想定される最小単位は一般的には母親と父親である。それ以外として祖母（母方）、祖母（父方）、祖父（母方）、祖父（父方）を想定することができる。博報堂BaBUプロジェクトの2006年の調査結果によると日常必需品以外のモノを子どもに贈る人と

注6　乳幼児・妊婦がいる家庭は他と比べて「放射性物質」と「食品添加物」に不安を感じている（p13）

注7　日本玩具協会は1971年から独自基準によって策定した玩具安全基準（ST基準）を策定している。その安全基準はおもちゃの形状や強度に関する機械的安全性、「お面」や「かつら」「着せ替えドレス」「おもちゃの家」「ぬいぐるみ」などの可燃性に関する可燃安全性、素材に有害な物質が使われていないか調べる科学的安全性の3項目から検査を行い、検査に合格した商品には「STマーク」を付けることができる。

注8　子ども用衣料の安全性 - 子ども用衣料に附属するひもの要求事項 -　日本工業規格 JIS4129　（平成27年12月）

注9　調査レポート「母親に聞いた子どものポケット実態調査」博報堂BaBUプロジェクト（2006年8月）

して、両親、父方の祖父母、母方の祖父母の6ポケット[注10]に叔父叔母や、その他親族・両親の友人なども加わることで、子ども1人あたり平均して約7ポケット（6.83ポケット）である。ポケットの合計金額は年間平均約43万円の支出であり、出現回数は1ヶ月平均10.1回で3日に1度の割合で支出しているということになる。このような購入者が増加し一定の金額・回数で支出することは、孫可愛いさに無条件に支出するのかもしれないが、購入者自体のニーズが少なからず購買意思決定に反映する可能性も有している。指摘したように購入者と使用者の違い、購入者は使用者のニーズを推測し意思決定を行う。そこには複数の購入者自身の感性的な要素や商品に対する思い込み、使用者ニーズの推測が介在することで購入者バイアスが介在することになる。さらに購入者が増加することで購入者バイアスは大きくなることが予想できる。当然のことながらその調整には大きな労力を支払わなければならなくなると言える。

7.6　消費者ニーズの事前確定性と消費過程の多様性

　過去の商品分類基準をレビューし、消費者行動における探索性向と探索マップを分析基準に据える田村モデルを概観し、その中で在外子育て商品を位置づける作業を行い、子育て商品の特徴を明らかにしてきた。そこでの問題は、消費者行動における探索性向と選好マップという分類基準で商品分類を行っていることにあるといえる。つまりそれは、商品分類基準そもそもは、消費者の購買行動からだけでは明らかにすることができないのではないかという根源的な問いでもあると言える。
　その問題は二つの点を想定していることに起因していると考えられ

注10　6ポケットとは子ども1人に対して経済的なメリットを与える関係先（経済的な意味において財布の意味）が両親、父方祖父母、母方祖父母の計6つの財布を指す用語。子ども用品関連産業において少子化にともなう顧客対応マーケティング時に使われるようになった。

る。第一は消費者の欲望は事前に確定しているという前提に立脚していることである。あらかじめ消費者は事前に自己の欲望を察知し、そのうえで選好マップが確立しているという前提に立っていることである。当然のことであるが、事前に自己の欲望を確定していなければ選好をマッピングするどころか他の製品との差異すら識別することは出来ない。また、自己の欲望が確定していなければ知覚リスクも判断することはできない。しかし、果たしてそのように事前に欲望が確定していると言えるのだろうか。確かに、逼迫した環境下におかれ、どのような商品でも構わないという状況（飢餓状態での食べ物など）がないわけではない。しかし、そのような特別な状況下を設定しなくとも我々はそれほど自分の欲望に対して全知ではない。例えば、我々はスマートフォンが発売された時に事前に詳細に自分の欲望を明確化できたでしょうか。どのような機能を求めて、どの程度、どのくらいの頻度で利用するのかその基準が明確でなければ、知覚リスクを算定することもましてや選好マップを描くことも出来ないはずである。つまり、消費過程自体が事前の欲望を満たすための過程だけでなく、商品に対する期待自体を書き換えたり、強化したり変更したりする過程であると言える。

　また、消費の多様性という観点からも考えることができる。例えば、第4章〜6章で述べたようにタイ・ベトナムでの在外子育て商品を見てみると小売店における品揃えはたくさんの需要を見込める商品群ではないので、通常、一カテゴリーで一アイテムであり、それも過去に顧客の要望があった商品をそのまま継続的に仕入れて品揃えしているケースであった。しかし、近年の在日企業の進出も増加し、在外邦人の数が増加するとともにイオンや高島屋などの日本を代表する流通企業が進出した売場を確認すると、一カテゴリー一アイテムではなく、複数のブランドやカテゴリーが品揃えされるようになっている。それは、単に商品に対する好き嫌いの問題ではなく、まさに消費者の欲望が事前確定しているわけでなく、常に変化することを意味しているといえる。それは、消費自体が多様性を求めているからに他ならない。在外子育て家庭におけ

る子育て商品のニーズが仮に同じだとしても、そのニーズを充足する手段としての商品は当然、多様なものとなる。まさに消費の多様性とは同じようなニーズを多様な商品によって充足することであり、消費の重要な側面であると考えざるを得ない。

　第二として、消費者における買い物行動を単に商品購入だけの行為として捉えられている点である。消費者は単に必要なものを購入するためだけに買い物行動を行うわけではなく、自分が欲しいものを探し求めることで欲望が喚起されたり強化されたり、あるいは減退し、代替品への転換を生じさせる行為が買い物であるということである。選好マップや探索性向は事前に商品の効能や利用方法、可能性を十分に知っていることが前提となっているのではないかという指摘を行ったが、それは商品の使用過程で購買時の期待は大きく変化する場合もあるし、消費過程を通じてその商品の利用方法や活用の仕方が新しく発見されることも珍しくない。特に買い物行動は事前確定したニーズを充足するための商品探索という意味ではなく、新製品の使用方法や新しい商品情報の入手に留まらず、商品の活用方法など様々な情報などを収集し、自分の欲望が刺激され、欲望自体を書き換える行為でもある。在外子育て家庭における子育て商品の買い物においても、買い物行動は単に必要性を満たすための行為ではなく、売場における育児商品の情報に触れることで、新たに欲望が変化したり、さらには、新たな育児情報を入手することで育児情報がアップデートされたりすることもあった。また、店舗への買い物行動は、他の日本人在外子育て家庭の商品選択や買い物場所の情報などを収集する機会でもあり、そのことでさらに欲望が刺激され、新たな欲望を生みだす場として機能することも考えられる。

　子育て商品の特徴の中に、子育て商品は消費者の事前欲望を確定することができないと上述したが、それは使用者と購入者の違いから生じることのみならず、消費過程そのものが購入者の期待に沿うものか確かめる場であると同時に全く別のものに変更していく過程であるともことを意味している。仮に消費者の事前欲望を想定することができないとする

ならば、買い物行動自体も必要なものを充足するための行動ということではなく、自分の欲望を知るため、あるいは探すための行動ということになる。それは買い物の目的とは何かにいうもう少し大きな問題にも通じることになる。

7.7 むすびにかえて

　まず子育て商品を理解するために商品分類の基準がどのように検討されてきたのかを議論のスタートにした。商品分類の基準は様々あった訳だが、研究が進展するなかで、商品自体の特性だけではなく消費者行動の側面、つまりは消費者行動における費用対効果の側面、消費者における商品の重要度や商品から得られる満足度、さらには知覚品質、商品への関与度などへとその基準が変化していることが明らかになった。その中でも消費者の探索行動と消費者選好に焦点を当てた研究として、田村モデルを取り上げた。田村モデルにおける商品分類の基準は探索性向と選好マップの強さとその形成時点にある。商品における探索性向の差異とは商品における探索価値（価値分散、品質分散、購買頻度、知覚危険の各程度）と探索費用（市場規模と購買延期の可能性）によって決定されるとしている。そこで、田村モデルを使って在外子育て商品の分類を行った。価格分散や品質分散は探索価値にプラスに作用し、購買頻度に関しては、商品によるが頻度や高いものもあれば低いものも存在する。最後に知覚危険は子育て商品の商品特性もあり、探索価値に大きくプラスに作用していると考えられる。対して探索費用であるが、市場規模は小さく、そのために探索費用は増大し、購買延長の可能性も低く探索費用を押し上げることがわかった。

　また、田村モデルによる在外子育て商品の分類から明らかになった問題点として、探索性向と選好マップの設定があげられる。そもそも2つの基準は欲望の事前決定性を前提とし組立られている。消費という過程は多様である。特に在外子育て商品の消費が多様であることはすでに

前述した。在外子育て商品の消費過程とは、ニーズを満たすことを確かめる過程というのではなく、新たな期待を高めたり、ニーズを書き換えたりする過程であると考えられる。つまり、子育て商品に関して、購入者は事前に全てのニーズを把握し、商品の機能や効能を把握することはあり得ないし、計算することもできない。消費過程において、その商品の機能を再確認したり、新たな利用方法などを見いだしたりするのである。消費者自身の商品への期待は、現時点での個人の欲望を明確化して、それが絶対だと確信していたとしても、実は消費過程における環境変化などによって、常に変化する期待を自分自身でも正確に把握することは出来ないのである。

さらには、在外子育て家庭のおける買い物リスクとは、求めるものを購入できなかった場合のリスクだけで捉えられるものでもない。買い物行動自体が自身の必要なものを充足するだけの行動ではなく、上述したように自分の欲望を知り、探す過程であるとするならば、消費者自身の商品に対する期待が消費過程において変化することに対して備えるリスクとも考えられる。このような備えるリスクも買い物リスクには重要な要素であることを指摘する必要があるだろう。

最後に今回の在外子育て商品の特殊性からの示唆として、必ずしも納得して購入し使用している状況下ではなく、なかば仕方なく長期間使用せざるを得ない環境におかれている購入者の商品と対峙する時間は長くなる。そこで刻々と変化する商品に対する期待に誰がどのように応えていくのか、まさに現在問題となっている買い物弱者問題やフードデザート問題との関連性は高く、流通過程を単に必要な商品を供給するという観点ではなく、自分が必要とするものを探す過程だととらえることが、新たに買い物行動の拡張につながり問題解決の糸口となり得るかもしれない。

参考文献・資料

ASPİNWALL, L. V. [1958]. The Characteristics Of Goods Theory , içinde LAZER William, Eugene J. KELLEY. *Managerial Marketing: Perspectives and Viewpoints, Homewood*, IL: Richard D. Irwin Inc.

Assael, H. [1987]. *Consumer behavior and marketing action. 3rd ed.*Kent Pub. Co..

Bucklin, L. P. (1963). Retail strategy and the classification of consumer goods. *The Journal of Marketing*, 50-55.

Copeland, M. T. [1923]. Relation of consumers' buying habits to marketing methods. *Harvard business review*, 1(3), 282-289.

Enis, B. M., & Roering, K. J. [1980]. Product classification taxonomies: Synthesis and consumer implications. *Theoretical developments in marketing*, 186-189.

Holbrook, M. B., & Howard, J. A. [1977]. Frequently purchased nondurable goods and services. *Selected Aspects of Consumer Behavior*, 1, 189-222.

Holton, R. H. [1958]. The distinction between convenience goods, shopping goods, and specialty goods. *The Journal of Marketing*, 53-56.

Miracle, G. E. [1965]. Product characteristics and marketing strategy. *The Journal of Marketing*, 18-24.

Murphy, P. E., & Enis, B. M. [1986]. Classifying products strategically. *The Journal of Marketing*, 24-42.

おわりに

　今から約50年前、科学技術史家の中岡哲郎は、副題に「技術進歩は何をもたらすか」とつけられた著書の中で、技術革新によって機械化された工場においても作業行程の周辺部に旧来的な熟練技術が必要とされる場所が必要となることを指摘している（中岡［1970］）。言い換えれば機械化という技術革新は、業務の効率化・合理化を可能にするが、しかしそれでも過去がすべて刷新されるわけではなく、人間の手による伝統的な技術もまたある意味しぶとく残っているということである。

　インターネットの普及という技術革新は、買い物や商品の調達をより効率的に、合理的に行うことを可能とした。結果我々は、以前に比べると自宅に居ながらにして時間をかけず膨大な選択肢から好みの商品を選ぶことが可能になったようにも思える。それゆえ、ネット通販がいわゆる「買い物弱者」問題の解決において様々な可能性を有していることは間違いないだろう。

　ただし重要なのは、当然のことながら「買い物」という行動は、単に物理的ないし機能的な必要性を満たすという意味以上の活動であり、ネット通販の登場もまた「買い物が便利になった」というような機能的な次元においてのみでは十分に理解されるものではないということである。中岡の議論を想起すれば、ネット通販という技術革新の周辺部にもまた、効率化や合理化という概念では処理することのできない様々な問題系が存在し、それが従前の買い物の在り方に単純に「取って代わる」ものではないことも想像に難くない。したがって、「買い物弱者」問題とネット通販をめぐる議論もまた、ただ単にその可能性を称揚するだけでなく、それが実際の生活の場において利用される状況をめぐる詳細なケーススタディの蓄積とともになされる必要があるのであり、本書はその一つの事例研究を目指したものである。

　冒頭でもふれたように、本書は科学研究費による研究プロジェクト「買い物弱者としての在外子育て家庭」の成果報告書としての性格を有して

いる。この研究課題自体は「買い物弱者」に関心を寄せる久保の問題意識を、それぞれ東南アジアでの調査経験を持つ渡辺と鈴木のフィールドにおける「買い物弱者」、すなわち在外子育て家庭に当てはめながら検討しようとするものであった。しかし研究を進める中で我々は、在外子育て家庭におけるネット通販の利用状況をみるにつれ、より広範な買い物弱者問題におけるネット通販の可能性について関心を抱くようになった。そこで本書では、タイとベトナムにおける事例研究の前段に、商学や流通論を専門とする研究者によるインターネットの普及による消費や流通の変化に関する研究成果を配置することによって、この問題意識をより深耕することを試みた。

　第1部で論じたように、インターネットの登場は、買い物をするという機能の技術革新だけでなく、商品の生産・流通・消費をめぐる諸主体による経済システムを再編成し、消費者に新たな欲望を創り出すとともに企業と消費者の関係を再構築している。第1章でも指摘したように、買い物弱者問題について従来の流通論の枠組みにおいてはその対象の範囲外におかれていたと言わざるを得ず、理論的にどう位置づけ理解していくのか、さらには、どのように対応していくのかを打ち出すことができていないことは大きな問題でもあった。同じように、多様な購買環境が整備されるなかでインターネット販売の普及は、既存の流通論で考えられてきた売買関係や管理機構に焦点を当てるだけでは十分に可視化されず、売買関係を内包した調整概念として、さらに組織間関係をダイアドな関係としてとらえるのではなく、ネットワークとしてとらえる視点で流通をとらえるアプローチが必要であることを言及した。このような視点が求められるのは、ネット販売がもたらす「明るい面」のみを過大に評価するのではなく、「暗い面」についても正確に捉える枠組みが必要であるという認識に他ならない。

　このような点は、第2部で検討した東南アジアにおける子育て家庭の事例研究において明らかになった諸点とも共通している。インターネットの登場は、在外子育て家庭の買い物の在り方に大きな影響を与え

ている。流通や通関、そしてそれらにかかるコストの問題で直接的に商品を取り寄せることは必ずしも容易ではないものの、少なくとも商品選びについては、日本で売られている商品を海外に居ながらにして選ぶことが可能となった。

　だが調査を進める中で印象的だったのは、ネット通販が普及したことによって買い物が便利になったとしても、結局のところそれだけですべてを満たせないときに、家族や友人が日本へ帰る際に購入を頼んだり、さらには既にネット通販で日本国内在住の親族や友人に商品を預かってもらったうえでそれを手荷物で運んでもらうような互酬的な手段、あるいはバザーのような半市場経済的な場が、重要な役割を果たしているということである。中岡が指摘したように、ネット通販という技術革新の周辺部にも、やはり人間的な部分が必要とされているのである。このことが示唆しているのは、ネット通販も結局具体的な社会的・文化的文脈に落とし込まれなければならないということ、そしてその過程においてネット通販が具体的な状況にある意味「飼いならされ」ながら利用される方法はじつに多様だということである。

　このような視点は、買い物弱者としての在外子育て家庭に焦点を当てたからこそ浮かび上がってきた点でもある。ネット通販と買い物弱者問題と関連させた場合、これまでの買い物弱者研究が対象としてきた高齢者や過疎地域の事例からは、おそらく課題が「高齢者がネットを使えるのか」「高齢者にネットを利用してもらうにはどうしたらいいのか」という点に収斂することが予想されたであろう。その意味でも「買い物弱者としての在外子育て家庭」という事例は、買い物弱者問題一般を考えるうえで興味深い切り口となったのではないかと考えている。

　さて、あらためて在外子育て家庭の研究から得られた「買い物弱者問題」一般への示唆をまとめてみたい。以上をふまえれば、ネット通販がそのまま買い物弱者問題解決の切り札になることがないことは明らかであろう。むしろネット通販を機能させるためには、それが新たに創出する消費者の欲望や技術革新の周辺部でブリコラージュ的に生成される人

的ネットワーク、そしてそれらと関連して行われるインフォーマルな活動を幅広く視野に入れることが必要になるのである。

　重要なのは、「買い物弱者」とは外部から客観的な指標によって定義できるものではなく、当事者の主観に大きく依存するもので、買い物弱者が抱える欠乏感や窮乏感は相対的なものであるということだ。タイとベトナムの事例で興味深いのは、どちらも調査時点では過去10年に比べて買い物環境が大幅に改善したのにもかかわらず、依然として在外子育て家庭は自らの現状を「買い物弱者」であるととらえているということである。タイではベトナム以上に子育て商品は入手できるが、それでもタイ在住の子育て家庭は自らを弱者と考えている。ベトナムでもイオンモールが登場してこの10年で確実に便利になったにもかかわらず、それでも買い物弱者と考えている。すなわち、在外子育て家庭の人々にとっては、必要最低限の品々とにかく手に入ればいいというわけではない。第7章でも論じた商品特性ゆえに、在外という制限された環境においても、与えられ選択肢の中でより良い品、より好みに合う品を、比較検討の上リーズナブルな値段で手に入れたいと考えるのが消費者の常で、それが出来なければやはり弱者は弱者のままなのである。買い物弱者が抱える欠乏感や窮乏感が相対的であるということは、つまり消費者の欲望が決して事前確定的ではないということでもある。しかし、我々は消費者の欲求は事前に確定し、その上で選好が決定さるという前提に立脚している。

　さらにネット通販は、在外子育て家庭に両義的ともいえる影響をもたらしている。インターネットの登場は、多様な商品の購入を可能にした。しかし同時に在外で日本の最新の商品を知ることも可能となったため、却って相対的な欠乏感は高まっているのである。かつては、選択肢の存在を知らないが故、欠乏感も限定的だったが、今はリアルタイムで日本の最新商品を知ることができる。そして入手方法を工夫すれば、あるいは割高な代金を支払えば入手することは不可能ではないが、多くの場合必要とされる多額の取引費用によって欲しいものすべてを購入すること

はできず、結果として欠乏感を感じることになるのである。

　いわば、インターネットの登場は、在外子育て家庭の商品調達を便利にしてくれた側面がある一方で、相対的な欠乏感を高めもしているのだ。この点は国内のあらゆる買い物弱者問題に対しても示唆的である。単に必要最低限の物資を届ければ買い物弱者問題が解決するわけではない。世の中の多くの人々がアクセス可能だとされているのと同様の選択肢の中から自分の好みのものを選ぶ、あるいは適切な値段でお得なものを選ぶことができないと欠乏感は存在し、結局のところ弱者は弱者のまま留まるからである。その際、ネット通販の周辺部に我々はどのような補助的ネットワークを構築することができるのであろうか。

　もう一つ在外家庭から得られた示唆として、「弱者」を「弱者」としてだけとらえることへの疑義を指摘しておきたい。在外子育て家庭は、日本的商品の入手においては弱者である。しかし在外という環境は、その地域特有の商品やサービスに関して言えば、日本よりも安く多様な選択肢の中から選ぶことができる。当たり前だが、現地の食材は豊富でタイ料理やベトナム料理の店は多いし、日本では決して手に入れることのできない観光をはじめとした文化的アトラクションも気軽に購入できる。またインターナショナルスクールはじめ英語教育を経験できる環境も多数あり、日本で同等の教育機会を得ようとするよりも比較的安価であったりする。むしろグローバル人材育成という視点では、在外子育て家庭は買い物強者なのである。

　このような視点を国内の買い物弱者に当てはめることも可能ではないだろうか。いわゆる過疎地における買い物弱者問題を考える場合、それらの地域においてもその土地の特産品などに関しては買い物強者となるような商品が存在していることも少なくないと考えられる。であるとすれば、ある特定地域の買い物弱者的な側面ばかりを強調して弱者を固定化するのではなく、相対的に買い物強者である面にもより一層視点を当てることである意味「弱者性」を中和することもできると考えられる。少なくとも慎むべきは、「買い物弱者問題」を対象とした研究が、一方

的に弱者を固定化させ実体化させることである。それは、消費過程をどのように捉えるのかという問題でもあり、延いては買い物とはどのようなものかに通じる問題でもある。従来の流通論などが取り込むことが出来なかった消費過程の多様性に目を向けることが買い物弱者問題の出発点となるだろう。

　もちろんここで在外子育て家庭の事例研究から得られた示唆すべてが、買い物弱者問題すべてに適用できる訳ではないし、本書の限られた事例から議論できる範囲も限定されている。しかしながら、在外子育て家庭という従来とは異なる視点で買い物弱者像をとらえることによって、この問題全体へ異なる視点からの示唆を提供することが可能になったのではないかと考えられる。その意味で改めて本研究にご協力いただいた皆様、とくにタイとベトナムで筆者たちのフィールド調査にご対応いただいた在外子育て家庭の皆様には深くお礼を申し上げたい。

参考文献・資料

中岡哲郎［1970］『人間と労働の未来―技術進歩は何をもたらたらすのか』中央公論社。

索引

索引

アルファベット

A
ASEAN 3,4,87,92

B
BtoC-EC 43,44

E
EC サイト 52
e- マーケット 36

F
Facebook 5

I
ICT 15,16

L
LINE 113

S
SNS 5,43,44,50,56,57,58

T
Twitter（ツイッター）5,50,74,75

W
WEAR 5,44,49,50,51,52,53,55,56,58

Z
ZOZO 49,50,54
ZOZOSUIT 44,50
ZOZOTOWN 5,44,49,52,53,54,55,56
ZOZO テクノロジーズ 56,57
ZOZO ポイント 56

かな

あ
アイデンティティ構築 103
アメリカ消費者同盟 76

い
イオン 93,97,156
イオンモール 95,97,119
インターナショナル校 114
インターネット 3,4
インタラクション・パラダイム 66
インタラクティブ・マーケティング 67,68
インドネシア 87,88

え
エナクトメント・パラダイム 65

お
オムニチャネル 43

か
買回品 143,146
階層組織 35
買い物環境 4
買い物弱者 3,6,88,89,90,119,120,159
買い物リスク 159
格差社会 64
下流化社会 64
ガレージセール 128,129
関係性パラダイム 68,69,70,71,72
関係的契約理論 31
カンボジア 88
管理システム 17,18

き
機会主義的行動 23
機械的管理システム 17,18
教育の商品化論 103
協働型マーケティング 68

く
グーグル 72,74,75
暮しの手帖社 58

け
経済組織形態 25
契約的関係行動 31
月間消費者 58

現地適応化タイプ 141
現地選好度 102
限定された合理性 23

こ
購買行動 142,144,145
高齢化社会 89
コーディネートアプリ 55
コード化 46,52,53
子育て商品 6,94,111,115,116,129,132,142,148,157
子育て用品 123
子育て商品の特殊性 150
子育て用品 95
コミュニ・マーケティング 68
コンシューマー・レポート 77

さ
在外子育て家庭 159
在庫探索 146
在住日本出身者 5
在住日本人 90
在タイ日本人 87,88,101
在ベトナム邦人 93,95
最寄品 143
サプライチェーン 29

し
飼育された市場 26,27
資源依存アプローチ 20,22,32
資源ベース・アプローチ 19,20
自社EC 55
市場システム 24
市場像 47
場メカニズム 28
品揃え形成 45
商業資本の社会性 45
使用者ニーズ 153

上昇婚 109
消費者学習 78
消費者情報システム 71,76
消費者探索行動 148
消費者の事前欲望 157
消費者の直接的反応 47
消費欲望の総データ化 73
商品調達 101,102,115,120
商品比較テスト 58
商品分類基準 143
商品分類の類型化 142
情報ツール 15
ショッパー・マーケティング 153
シンガポール 90
新古典派経済学 27
新自由主義的競争原理 102
人的ネットワーク 6,131,132,135,136,138
信頼による統治 26

す
垂直的マーケティング・システム 28
スーパー UFM FUJI SUPER 90
スカイプ 113
ストア・ロイヤリティ 31
スマートフォン 15,43,156

せ
生活世界 73
精神的な充足感 102
製品差別化 145
セブンイレブン 95
専門品 143,146
戦略的ファクター市場 19

そ
総記録社会 75
組織間統治タイプ 33

組織デザイン 18
た
　　　タイ 3,5,93,156
　　　高島屋 93,95,97,156
　　　探索価値 146
　　　探索志向 146
　　　探索費用 147
ち
　　　知覚リスク 156
　　　着用アイテム 51
　　　チャネルシステム 29
　　　チャネル・ネットワーク 36
　　　チャリティーバザー 128
　　　中華系タイ人 109
　　　中間組織 23
　　　駐在家庭 114,124
　　　調整 25,26,27,35
つ
　　　ツイッター（Twitter）5,50,74,75
　　　強い紐帯 132,134,138
　　　ツルハドラッグ 91
て
　　　電子ネットワーク 15
と
　　　動態的な売買集中の原理 48
　　　統治構造 26
　　　トップバリュー 95
　　　取引コスト 24,32
　　　取引コストアプローチ 22,23,32
　　　取引コスト概念 22
　　　取引総数最小化の原理 45
に
　　　ニッセンホールディングス 49
　　　日タイ
　　　　国際結婚 105,109

　　　国際結婚家庭 6,101,103,105,116
　　　日本型消費者 70
　　　日本食レストラン 93
　　　日本人学校 114
　　　日本人子育て家庭 121
　　　日本人在外子育て家庭 157
　　　日本人の三大生涯的生活課題 70
　　　日本的教育商品調達 112
　　　日本的子育て商品 122
　　　日本的子育て用品 95
　　　日本の商品 3,6,91,94,142
　　　日本独特の教育用品 123
　　　日本の消費者特有の問題 70
　　　日本標準化タイプ 141
ね
　　　ネット社会 63
　　　ネット通販 43,44,126
　　　ネットワーク・アプローチ
　　　34,35,36,37
　　　ネットワーク組織 24,33
　　　ネットワーク・モード 30
の
　　　農薬問題 92
は
　　　バーチャル・コーポレーション 37
　　　バーチャル・マーケットプレイス 36
　　　ハイアラーキー型の調達
　　　120,121,136
　　　売買集中 46
　　　売買集中の原理 44,45
　　　バザー
　　　128,129,130,132,134,135,136
　　　ハッシュタグ 50,56
ひ
　　　ヒエラルキー組織 24

比較評価 72
費用対効果側面 144

ふ
ファッション通販サイト 49
ファミリーマート 93,95
フィットネス・パラダイム 66,67
不確実性プールの原理 45
父権的統制 70
ブランド 56
ブランド・ロイヤルティ 31
フリーペーパー 129

へ
ベトナム 3,5,6,88,93,94,119,120,156
ベルメゾン 49

ほ
ポータルサイト 72

ま
マーケット・アウト 67
マーケットメカニズム 35
マーケティング戦略 5
マーケティング・パラダイム 66
マーケティング・ミックス 66
マーケティング・モード 30
マキシマーケティング 68
まちづくり 48
マックスバリュー 91
マレーシア 87,88

み
ミニストップ 95

む
無印良品 57
無農薬 92

や
ヤフー 72

ゆ
有機的管理システム 17,18
ユーチューブ 75
ユニクロ 57,116

よ
欲望充足 103
弱い紐帯 131,132,135,137,138

ら
ライフスタイル移民 102,109
ラオス 88
ラルフ・ローレン 57

わ
ワン・トゥ・ワン・マーケティング 68

著者略歴および執筆分担箇所

久保 康彦（くぼ・やすひこ）

はしがき、第1章、第5章、第6章、第7章、おわりに、執筆・編集

1968年、佐賀県生まれ。福岡大学商学部貿易学科卒業。福岡大学大学院商学学研究科博士後期課程単位取得満期退学。修士（商学）。相模女子大学学芸学部教授。専門は流通論、流通経済。『インターネットは流通と社会をどう変えたか』（共著、中央経済社、2016年）、『流通経済から見る現代』（共著、ミネルヴァ書房、2003年）、『マーケティング・ネットワーク論 - ビジネスモデルから社会モデルへ -』（共著、有斐閣、2002年）など。

渡辺 幸倫（わたなべ・ゆきのり）

はしがき、第4章、第5章、執筆・編集

1974年、山口県生まれ。早稲田大学教育学部教育学科社会教育専修卒業。早稲田大学大学院教育学研究科博士後期課程満期退学。相模女子大学学芸学部教授。専門は多文化教育、言語教育。『多文化社会の社会教育：図書館・博物館・公民館がつくる「安心の居場所」』（編著、明石書店、2019年）、『多文化「共創」社会入門 移民・難民とともに暮らし、互いに学ぶ社会へ』（共著、慶應義塾大学出版会、2016年）、『多文化社会の教育課題：学びの多様性と学習権の保障』（共著、明石書店、2014年）など

鈴木 涼太郎（すずき・りょうたろう）

第4章、第6章、おわりに、執筆・編集

1975年、新潟県生まれ。筑波大学第一学群人文学類卒業。株式会社日本交通公社（現JTB）勤務を経て、立教大学大学院観光学研究科修了。博士（観光学）。相模女子大学学芸学部を経て、現在獨協大学外国語学部交流文化学科准教授。専門は観光研究、観光文化論、観光人類学。『観光という〈商品〉の生産―日本～ベトナム 旅行会社のエスノグラフィ』（単著、勉誠出版、2010年）、『観光概論（第10版）』（共著、JTB総合研究所、2017年）、『新現代観光総論』（共著、学文社、2015年）、『観光学ガイドブック』（共著、ナカニシヤ出版、2014年）、『観光文化学』（共著、新曜社、2007年）など。

中西 大輔(なかにし・だいすけ)
第3章 執筆

1977年、岐阜県生まれ。日本大学経済学部経済学科卒業。日本大学大学院経済学研究科博士前期課程修了。日本大学大学院経済学研究科博士後期課程単位取得満期退学。修士(経済学)。岐阜経済大学経営学部講師・准教授を経て、2019年4月より駒澤大学経済学部准教授。専門はマクロマーケティング論。『グローバル競争と流通・マーケティング―流通の変容と新戦略の展開』(共著、ミネルヴァ書房、2018年)、『インターネットは流通と社会をどう変えたか』(共著、中央経済社、2016年)、『基礎から学ぶ 流通の理論と政策(新版)』(共著、八千代出版、2016年)、『格差社会と現代流通』(共著、同文舘出版、2015年)、『流通動態と消費者の時代』(共著、白桃書房、2013年)など。

井口 詩織(いぐち・しおり)
第2章 執筆

1988年、東京都生まれ。日本大学経済学部経済学科卒業。日本大学大学院経済学研究科博士前期課程修了。日本大学大学院経済学研究科博士後期課程に在学中。相模女子大学学芸学部メディア情報学科非常勤講師。専門はマーケティング論。「SNSを活用する商業と消費者の関係性―『ZOZOTOWN』および『WEAR』のマーケティングにおける課題―」(『流通』№42、2018年6月)、「流通チャネル戦略の再検討―日本型流通構造を踏まえて―」(『経済集志』第87巻第2号第3号合併号、2017年10月)

買い物弱者とネット通販　在外子育て家庭調査からの示唆

編集	久保康彦・渡辺幸倫・鈴木涼太郎
著者	久保康彦・渡辺幸倫・鈴木涼太郎・中西大輔・井口詩織
初版発行	2019年3月14日
印刷	モリモト印刷(株)
発行	（有）くんぷる

ISBN978-4-87551-065-9

本書についてのお問い合わせは info@kumpul.co.jp へメールにてお問い合わせください。
定価はカバーに記載されています。

本研究は JSPS 科研費科研課題番号：15K13052、16K04630 の助成を受けたものです。